500 Hidden Secrets

MAILAND

BRUCKMANN

EINFÜHRUNG

Dieser Führer lädt dazu ein, das echte Mailand zu erleben – auch seine weniger bekannten Seiten. »Grüne« Quartiere zu entdecken, Architektur des Rationalismus, Viertel im Jugendstil oder von Stararchitekten entworfene modernste Wolkenkratzer und Sie anregen, auch aufstrebende Viertel wie Porta Venezia, Isola und NoLo (Nord di Loreto) abseits des Zentrums zu erkunden, wo sich im Zuge der Gentrifizierung interessante Initiativen und Kulturräume, Galerien und Concept Stores angesiedelt haben. Alles hippe, angesagte Orte, die gleichwohl der für Mailand typischen Atmosphäre des Understatement treu bleiben.

Ziel unserer Auswahl ist es, Neugier zu wecken, um die Stadt wie ein Einheimischer zu erfahren, anregen etwa zum Sonnenbad in einem der schönen Badeorte der 1930er oder dem Blick aus dem Fenster einer bekannten Designinstitution. Sie können ein neues Bistro testen oder erfahren, wo in fast »privatem Rahmen« Kultfilme vorgeführt werden. Der Führer enthüllt die Geheimnisse eines Museumsgebäudes und verrät, in welcher Kirche sich moderne Kunst versteckt. Er führt Sie durch die Straßen des historischen Zentrums, wo man shoppen und einen Blick durch offene Eingangstore in einzigartige Hallen und Innenhöfe erhaschen kann. Viele Adressen und Fakten bezeugen die tief greifenden Veränderungen vergangener Jahre (die sich wohl auch in Zukunft fortsetzen). Doch auch klassische Highlights erhalten die Aufmerksamkeit, die sie verdienen. Eine solche Auswahl kann natürlich nie völlig objektiv sein; sie spiegelt persönliche Entscheidungen der Autorin, die sie mit größter Sorgfalt und Bemühung um Authentizität traf.

ÜBER DAS BUCH

Dieser Führer bietet Ihnen 500 Insidertipps zu Mailand nach verschiedenen Kategorien – meist Orte, deren Besuch sich lohnt, mit praktischen Informationen, um sich zurechtzufinden, oder Wissenswertes, um Mailand und seine Bewohner näher kennenzulernen. Er möchte vor allem inspirieren, eine vollständige Beschreibung der Stadt ist nicht sein Ziel.

Zu jedem Eintrag finden Sie Adresse, Stadtteil und eine Nummer, mit deren Hilfe er sich leicht in den Karten am Anfang des Buches lokalisieren lässt: Suchen Sie dort im Plan des jeweiligen Stadtteils nach der angegebenen Nummer. Ein Hinweis dazu: Die Karten sind nicht allzu detailliert, können also nur einen groben Überblick vermitteln. Einen exakteren Stadtplan erhalten Sie bei der Touristeninformation bzw. im Hotel, oder Sie nutzen einfach die Karten-App Ihres Smartphones.

Bedenken Sie auch, dass Städte sich ständig ändern – der hochdekorierte Chefkoch hat vielleicht ausgerechnet am Tag Ihres Besuches einen Durchhänger. Das überschwänglich bewertete Hotel erlebt unter neuem Management einen Abschwung. Oder die als einer von »5 schönen Plätzen für einen Aperitivo« gerühmte Bar ist am Abend ihres Besuches menschenleer. Die hier vorgestellte Auswahl ist sehr persönlich und wird nicht immer mit der Ihren übereinstimmen. Wenn Sie einen Kommentar hinterlassen, eine Bar empfehlen oder einen Lieblingsort verraten möchten, besuchen Sie die Website *the500hiddensecrets.com* – mit vielen kostenlosen Tipps und aktuellen Infos – oder folgen Sie *@500hiddensecrets* auf Instagram oder Facebook.

DIE AUTORIN

Silvia Frau lebt in Mailand, wo sie ihre Arbeit als Journalistin – mit Schwerpunkt Reise, Food und Lifestyle – in buchstäblich alle Ecken führt. Unterwegs ist sie meist zu Fuß: von Nachrichtenredaktionen zu Konferenzen, von spannenden Präsentationen neuer Initiativen zu Vernissagen, oft an Orten, die in der Öffentlichkeit wenig bekannt sind.

Angeborene Neugier macht sie immer für Neues aufgeschlossen: in einem neu eröffneten Blumenladen auf dem Weg vorbeizuschauen oder in einer hübschen historischen Bäckerei, die ihr ins Auge fiel, Kaffee zu trinken. Im Winter arbeitet sie gern in einer der kleinen städtischen Bibliotheken; wenn es wärmer wird, fährt sie mit dem Notebook in einen öffentlichen Park oder ein komfortables Gemeinschaftsbüro mit Garten.

Immer wenn Freunde zu Besuch nach Mailand kommen, wird sie um Tipps gebeten – dabei besonders nach guten Restaurants gefragt, wofür sie gerne thematische Listen erstellt. Für diesen Führer allerdings griff sie selbst dankbar auf hilfreiche Tipps zurück, besonders von Freunden und Kollegen, die ihr ihre geheimen Lieblingsorte verrieten. Ihr besonderer Dank geht an die Fotografen Massimo Ripani und Giovanni Simeone, die das Wesen Mailands in Bildern einfingen. Und last but not least an Dettie Luyten aus Luster, die die lombardische Hauptstadt in ihre Führerreihe aufzunehmen bereit war und sie mit Begeisterung durch sämtliche Phasen des Projekts begleitete.

MAILAND
Übersicht

5
Nordosten
mit NoLo *und*
Porta Venezia
1
Centro Storico:
Brera, Corso Garibaldi,
rta Nuova *und* Porta Venezia
6
Osten
2
Centro Storico:
Duomo, San Babila, 5vie,
Ticinese *und* Porta Romana
7
Südosten

Karte 1

CENTRO STORICO

BRERA, CORSO GARIBALDI, PORTA NUOVA *und* PORTA VENEZIA

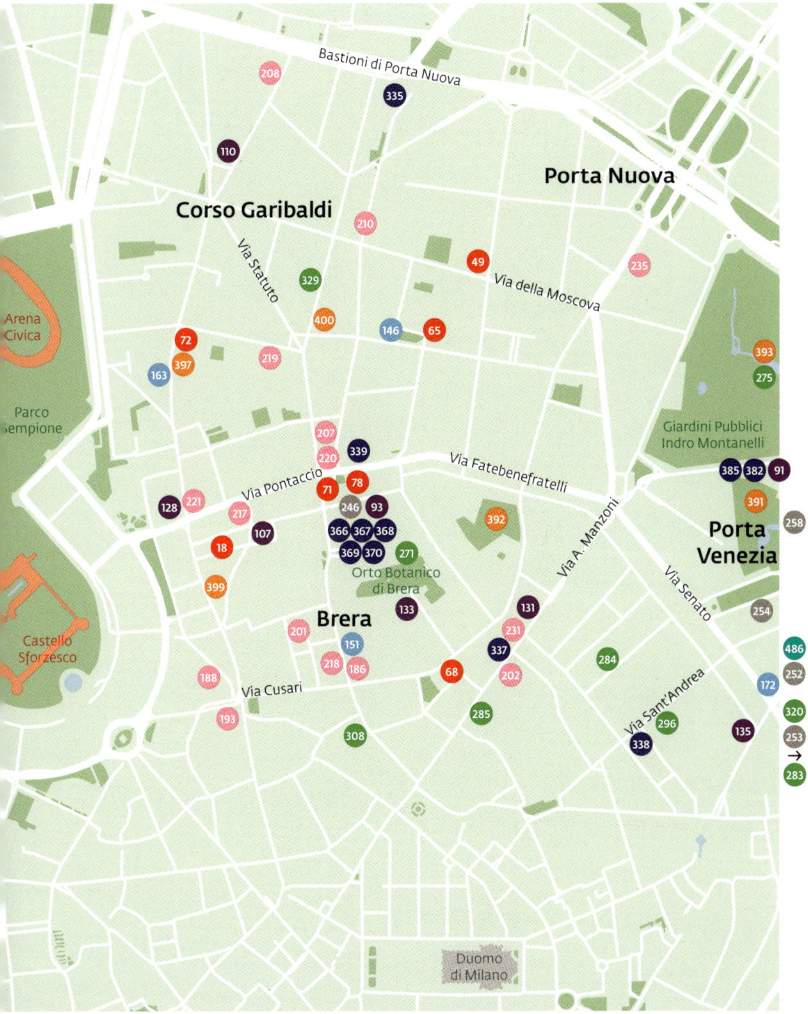

ESSEN – TRINKEN – SHOPPEN – MODE & DESIGN – ENTDECKEN – KULTUR – KINDER – SCHLAFEN – WOCHENENDAKTIVITÄTEN – QUERBEET

Karte 2

CENTRO STORICO

DUOMO, SAN BABILA, 5VIE, TICINESE *und* PORTA ROMANA

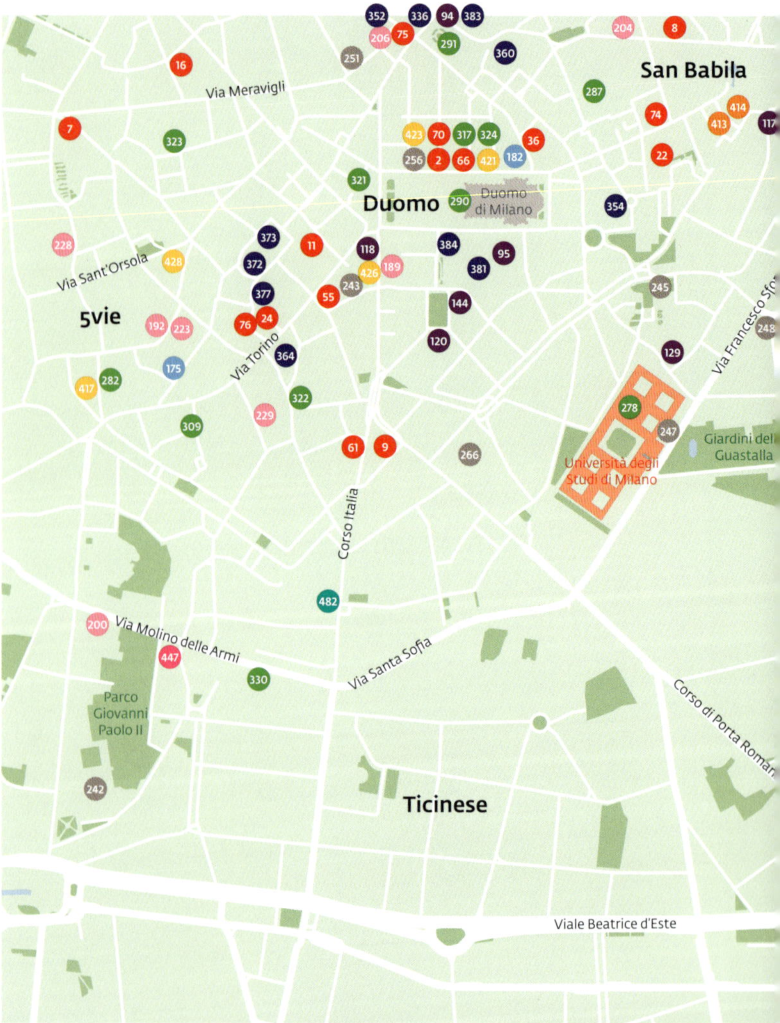

Corso Ventidue Marzo
Parco Vittorio Formentano
Rotonda di Via Besana
Via Spartaco
Via Cadore
Viale Emilio Caldara
Viale Lazio
Porta Romana
Viale Umbria
418
233
25
79
42
84
293
380
90
102
139
44
295
28
396
17

Karte 3

CENTRO STORICO

CAIROLI *und* CASTELLO

Karte 4

CENTRO STORICO

SANT'AMBROGIO

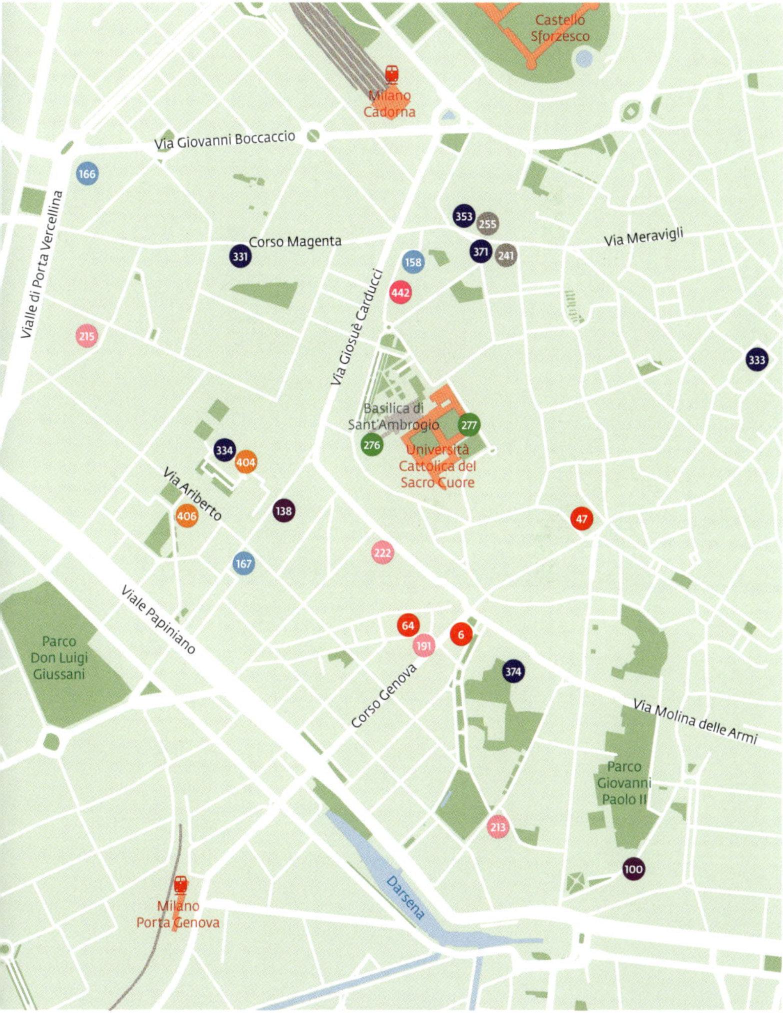

Karte 5
NORDOSTEN
mit NOLO *und* PORTA VENEZIA

ESSEN – TRINKEN – SHOPPEN – MODE & DESIGN – ENTDECKEN – KULTUR – KINDER – SCHLAFEN – WOCHENENDAKTIVITÄTEN – QUERBEET

Karte 6

OSTEN

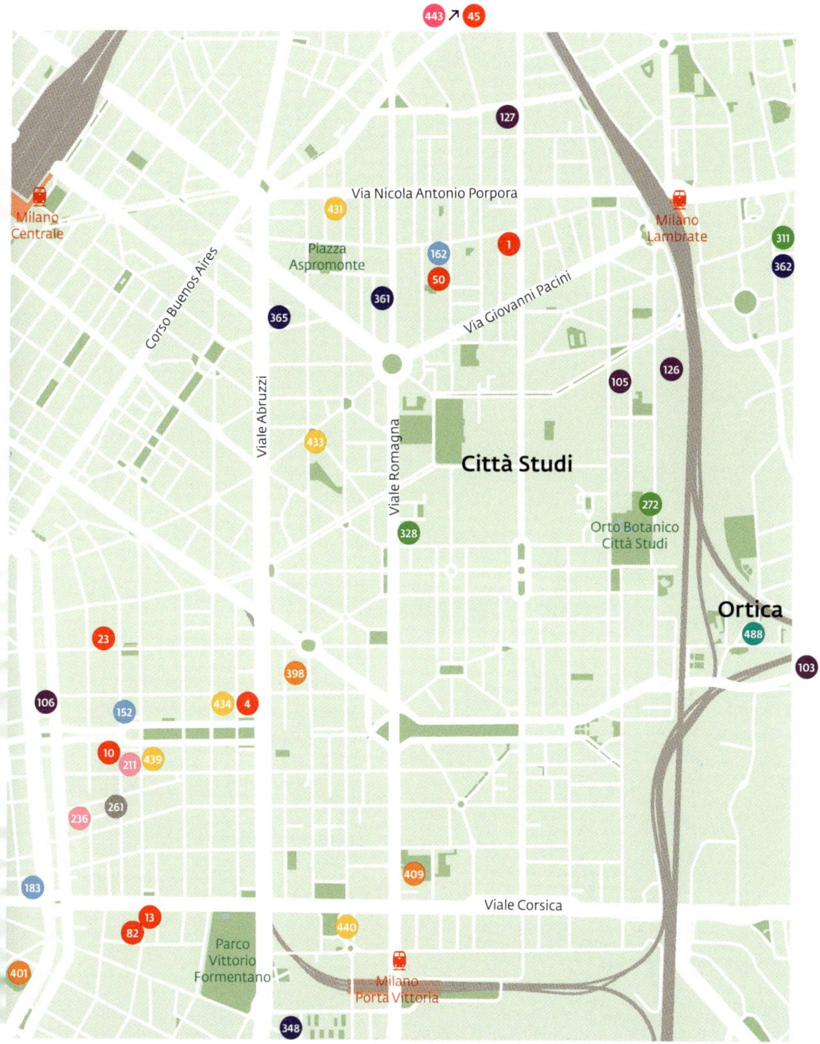

ESSEN – TRINKEN – SHOPPEN – MODE & DESIGN – ENTDECKEN – KULTUR – KINDER – SCHLAFEN – WOCHENENDAKTIVITÄTEN – QUERBEET

Karte 7

SÜDOSTEN

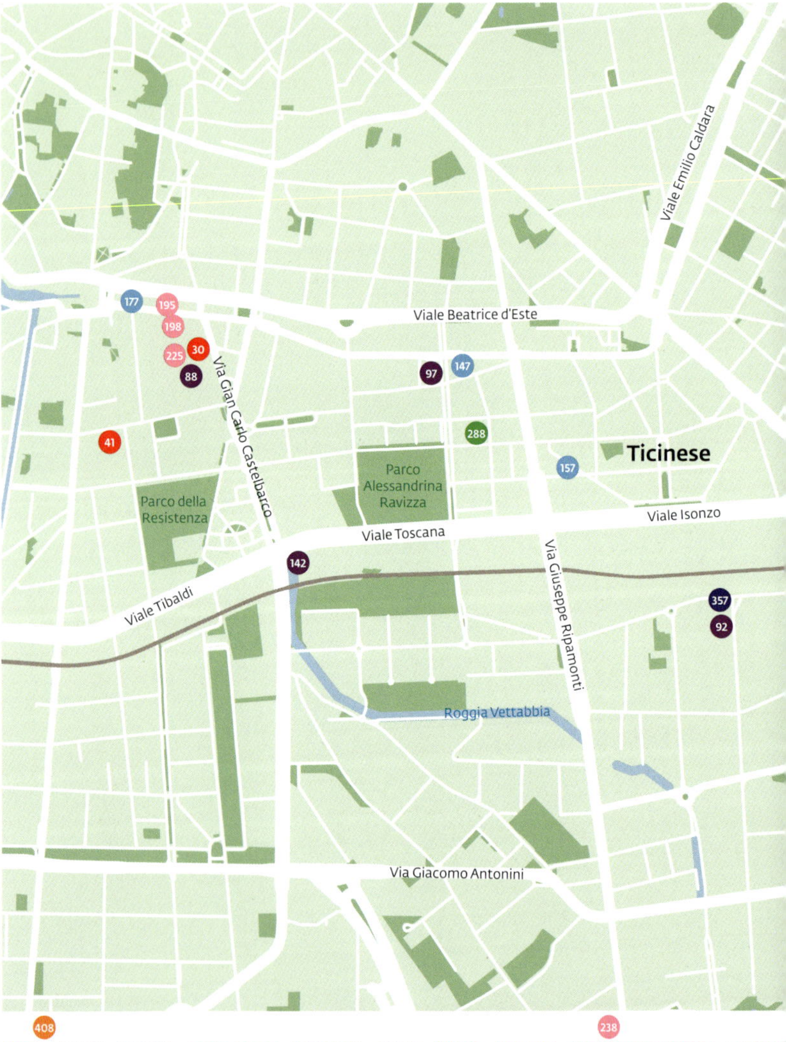

ESSEN – TRINKEN – SHOPPEN – MODE & DESIGN – ENTDECKEN – KULTUR – KINDER – SCHLAFEN – WOCHENENDAKTIVITÄTEN – QUERBEET

Milano
Porta Vittoria
Viale Molise
Viale Umbria
Viale Puglie
Parco Emilio
Alessandrini
27
190
→
419
164
155
Corso Lodi
Raccordo Autostrada del Sole
Via Marco D'Agrate
Parco
Avventura
Corvetto

Karte 8

WESTEN

Karte 9

SÜDWESTEN

mit NAVIGLI *und* PORTA GENOVA

Karte 10

NORDWESTEN

mit QUARTIERE CINESI *und* ISOLA

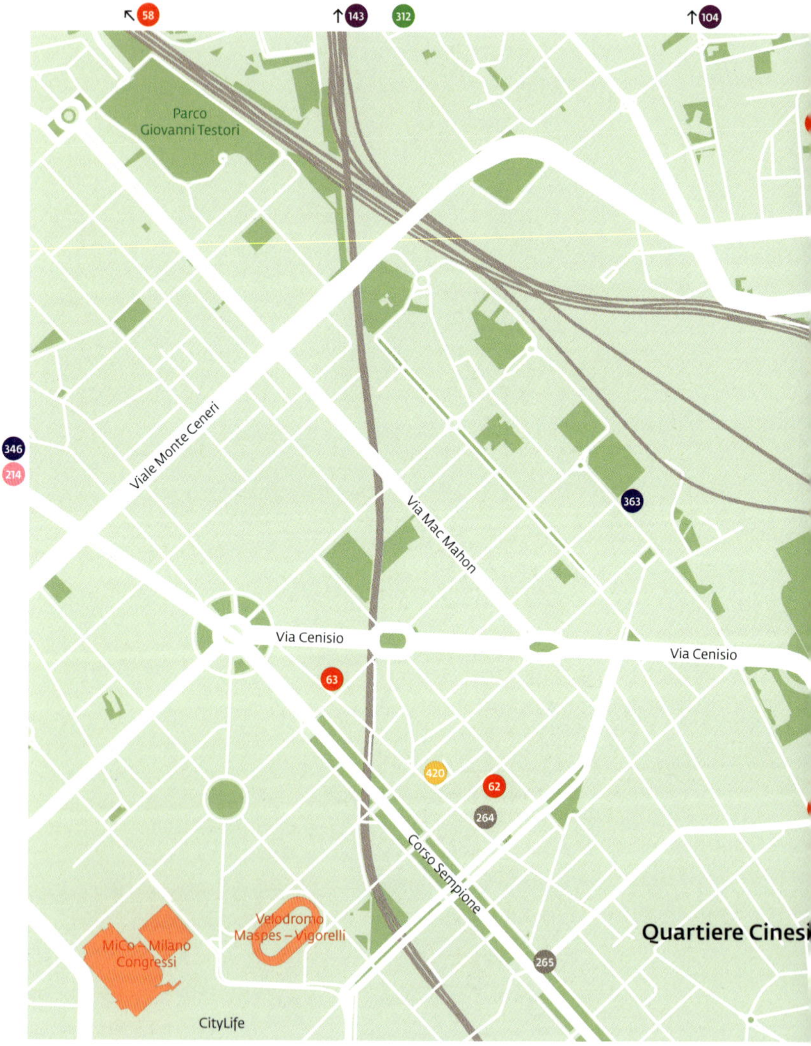

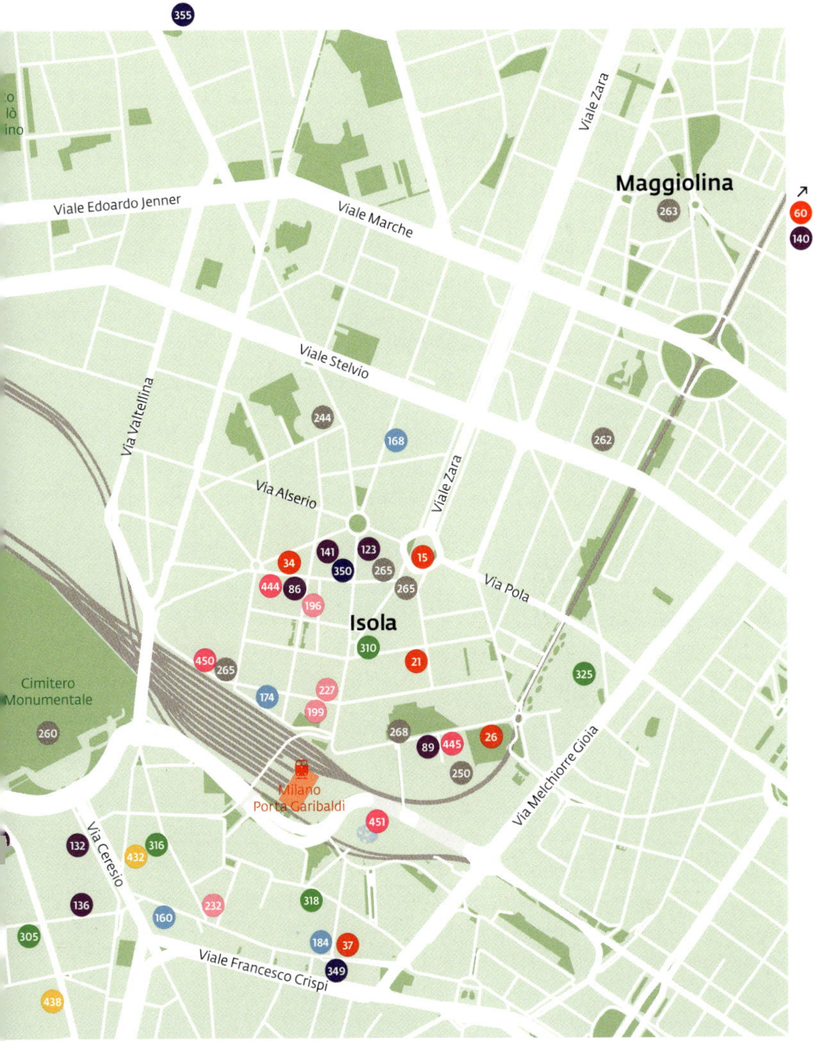

SSEN — TRINKEN — SHOPPEN — MODE & DESIGN — ENTDECKEN — KULTUR — KINDER — SCHLAFEN — WOCHENENDAKTIVITÄTEN — QUERBEET

NABLA and ZIBE

85 ORTE, UM GUTES ESSEN ZU GENIESSEN ODER ZU KAUFEN

5 BÄCKEREIEN, *die sich lohnen*

1 **GRISSINIFICIO EDELWEISS**
Via Teodosio 27
Osten ⑥
+39 02 7063 0084

Ein Ort, der süchtig macht! Wer mit einem der Brotsticks (*Grissini*) beginnt, verspeist schnell ein halbes Dutzend. Sie werden täglich frisch gebacken, jeder Kunde hat seine Lieblingssorte, ob mit Wasser, Öl oder Kräutern, oder die Specials mit Salz. Einfach delikat!

2 **MERCATO DEL DUOMO**
IN DER GALLERIA VITTORIO EMANUELE II
Piazza del Duomo
Duomo, San Babila ②
+39 02 8633 1924
ilmercatodelduomo.it

Ein riesiger hängender Olivenbaum aus Bronze des britischen Künstlers Adam Lowe symbolisiert mediterrane Ess- und Weinkultur, die man hier mit Produkten lokaler Produzenten, ausgewählt mit Hilfe der Università di Scienze Gastronomiche in Pollenzo, auf 500 m² probieren kann, darunter Grazioli-Brot aus gemahlenem Biomehl und Sauerteig.

3 **PANDENUS**
Via Tadino 15
Porta Venezia ⑤
+39 02 2952 8016
pandenus.it

Die erste Filiale eröffnete vor Jahren in der Via Tadino, drei weitere Läden folgten. Gemütliche Atmosphäre mit Zeitungen und frischen Blumen. Die Backwaren werden von morgens bis abends frisch hergestellt.

4 **CONSORZIO VIALEDEIMILLE**

Viale dei Mille 1
Ost ⑥
+39 02 3657 6080
consorziovialedeimille.it

Das vom Konsortium verkaufte Brot entsteht in der Bäckerei des Männergefängnisses der Gemeinde Opera bei Mailand. Von Dienstag bis Samstag gibt es hier Pizza, Focaccia und andere handwerklich hergestellte Backwaren. Auch Produkte aus den Gefängnissen von San Vittore und Bollate.

5 **MICHETTA**

Corso C. Colombo 11
Porta Genova ⑨
+39 392 628 7742
michettamilano.it

In Italien gibt es viele Brotsorten. Die typische Mailänder *michetta*, ein Brötchen in Blütenform, ist heute jedoch nur schwer zu finden. Sie ist natürlich aufgegangen, duftet einfach himmlisch – und wird hier mit lokalen Spezialitäten kombiniert: Wurstwaren von Pasini, Käse vom Hof Cascina Selva und San Colombano, dem einzigen mit DOC zertifizierten Wein aus dem Umland der Stadt. Eine weitere Filiale befindet sich am Corso di Porta Nuova.

3 PANDENUS

5 traditionsreiche
KONDITOREIEN

6 **PASTICCERIA CUCCHI**
Corso Genova 1
Sant'Ambrogio ④
+39 02 8940 9793
pasticceriacucchi.it

Einer jener seltenen Orte, wo einen das Gefühl beschleicht, die Zeit sei stehen geblieben, etwa beim Frühstück am Sonntagmorgen, wenn die Gäste an Tischen im Freien die Zeitungen durchblättern, während die Kellner die Bestellung aufnehmen. Zu Kaffee und Cappuccino serviert man knusprige Croissants. Eine traditionelle Pasticceria, die noch von Hand ihren Panettone herstellt.

7 **MARCHESI 1824**
Via S. Maria alla Porta 11-A
5vie ②
+39 02 862 770
pasticceriamarchesi.com

In einem Interieur vom Beginn des 20. Jahrhunderts, mit niedrigen Kassettendecken, Spiegeln und Art-déco-Lampen, duftet es verführerisch nach Kaffee und Cremetorten. Probieren Sie dort unbedingt den Reisauflauf. Marchesi wurde vor einigen Jahren von der Prada-Gruppe übernommen, die weitere Filialen eröffnete: in der Via Monte Napoleone 9 und der Galleria Vittorio Emanuele II.

8 **SANT AMBROEUS**
Corso Matteotti 7
Duomo, San Babila ②
+39 02 7600 0540
santambroeus milano.com

Ein historisches Lokal, wo man nach dem Shopping im Quadrat des Mailänder Modeviertels eine Pause machen kann – was seinen Preis hat. Günstiger ist ein Espresso an der Theke (in Italien meist etwa 1–1,20 €). Probieren Sie das gegrillte Sandwich mit Provola-Käse und Sardellen.

9 **GIOVANNI GALLI**
Corso di Porta Romana 2
Porta Romana ②
+39 02 8645 3112
giovannigalli.com

Holztheke und Vitrinen stammen noch aus dem alten Laden von 1912 an der Porta Romana, der im Bombenhagel des Zweiten Weltkriegs zerstört wurde. Der ehemalige Hoflieferant des Königshauses derer von Savoyen eröffnete einst den Laden in der Via Victor Hugo, heute die geschäftigere seiner Filialen. Legendär sind hier die kandierten Kastanien, auch mit dunkler Schokolade überzogen, und die Boeri-Schokoladen.

10 **PASTICCERIA SISSI**
Piazza Risorgimento 6
Osten ⑥
+39 02 7601 4664

Eine Location, die man als Denkmal schützen müsste, nicht nur wegen ihres bezaubernden kleinen Innenhofs (wo man an Wochentagen nicht selten ganz allein beim Kaffee die Zeitung liest), sondern auch wegen ihrer Backwaren, Creme- und Schokoladentorten. In der offenen Werkstatt kann man sich so manches Betriebsgeheimnis abschauen. Oder Sie genießen einfach nur die entspannte Atmosphäre.

5 abwechslungsreiche LEBENSMITTELMÄRKTE

11 **PECK 1883**
Via Spadari 9
5vie ②
+39 02 8023 161
peck.it

Im Jahr 1883 eröffnetet ein Metzger aus Prag einen Laden für »deutsche« Fleisch- und Wurstwaren, der sich im Laufe der Jahre, zum Feinkostgeschäft erweitert, zum bekannten Gourmet-Tempel entwickelte. Legendär sind besonders die Lebensmittelkörbe oder der Olivier-Salat. Die Weinabteilung residiert im Keller.

11 PECK 1883

12 **MERCATO COMUNALE WAGNER**

Piazza Riccardo Wagner 15/A
Westen ⑧
mercatocomunalewagner.com

Seit Markteröffnung 1929 besteht der Fischstand der Familie Suigo, die Metzgerei Dibenedetto verkauft Fleisch aus dem Piemont, Käse der Letteri-Stand, Ceba diverse Delikatessen. Vor dem Kauf kann man probieren. Toll, um Leute zu beobachten oder VIPs zu erspähen.

13 **MERCATO DEL SUFFRAGIO**

Piazza Santa Maria del Suffragio 2
Osten ⑥
+39 02 5518 4461

Im überdachten kleinen Markt mit Garküche nahe der Porta Vittoria finden Sie die Bäckerei Longoni, die Brot und Pizza aus Naturteig verkauft, einen Obst- und Gemüseladen, der vegetarische Gerichte zubereitet, und einen Fischhändler. Perfekt für ein schnelles Essen. Nicht ganz billig.

14 **SLOW FOOD MERCATO DELLA TERRA**

IN: LA FABBRICA DEL VAPORE
Via Giulio Cesare Procaccini 4
Nordwesten ⑩
mercatidellaterra.com

Über 40 bäuerliche Erzeuger aus dem Parco Agricolo Sud Milano, einem der größten stadtnahen Landschaftsparks Europas (47 000 ha), verkaufen hier ihre Waren. Die Stände unter freiem Himmel fließen buchstäblich über – von Reis, Honig und anderen Slow-Food-Produkten. Geöffnet jeweils am 1. und 3. Samstag des Monats (9–14 Uhr).

15 **MERCATO ISOLA**

Piazzale Lagosta 7
Isola ⑩
mercatoisola.it

Die historische Markthalle aus den 1950ern wurde im Zuge der Entwicklung des schicken Viertels mit neuester Technologie komplett saniert. Im Innenraum mit großen Glasfenstern, gesäumt von Terrassen, findet man ein edles Feinkostangebot ausgewählter Produzenten.

5 *Lokale zum*
WOHLFÜHLEN

16 **RISO E LATTE**
Via Camperio 6
5vie ②
+39 02 3983 1040
risoelatte.com

Ein Ort, wohin man sich begibt, wenn man sich wie zu Hause fühlen möchte, wie bei einer Tante, bei der sich seit der eigenen Kindheit kaum etwas verändert hat: mit pastellfarbenen Wänden, Tischen, Stühlen und Geschirr im Stil der 1960er-Jahre und einer alten Jukebox, aus der beliebte Schlager dudeln. Auch aufgetischt werden hier natürlich die Klassiker von damals.

17 **DABASS**
Via Piacenza 13
Porta Romana ②
+39 349 356 5436

Der Name ist eine Anspielung auf den Mailänder Begriff für »(nach) unten«. Das dreieckige Gebäude der Casa Sartorio von 1909 wurde von dem Architekten Enrico Provasi im Jugendstil entworfen. Designer-Möbel aus dem 20. Jahrhundert und eigenwilliges Tafelgeschirr ergänzen sich zu einem höchst individuellen »Zuhause in der Fremde«. Hier erhält man neben den Gerichten der Karte von Robi Tardelli gemischte Cocktails.

18 **TORRE DI PISA**

Via Fiori Chiari 21/5
Brera. Corso Garibaldi ①
+39 02 874 877
trattoriatorredipisa.it

Dunkle Holzmöbel, weiße Tischwäsche, Gemälde und Flaschen dominieren hier den Innenraum. Die traditionelle Trattoria, versteckt in der Mailänder Altstadt, ist bereits seit den 1960er-Jahren bei Künstlern, Intellektuellen und Geschäftsleuten ein beliebter Anlaufpunkt. Hier erwartet Sie eine köstliche Auswahl toskanischer Gerichte, wie Crostini, selbst gemachte Ravioli oder *Entrecote alla »Vaj«* (mit Rosmarin und Chili).

19 **PORTINERIA 14**

Via Ettore Troilo 14
Südwesten ⑨
+39 02 8352 1290

Die Bar dient auch als Service Center, wie eine Portiersloge (»portineria«) für die Nachbarschaft, mit Kästen, in denen man Ersatzschlüssel deponieren kann, wo man sich mal für zehn Minuten um den Hund kümmert oder eine Liste mit Handwerkern bereithält (Installateure, Elektriker, Maler) – und wo man natürlich auch etwas trinken kann.

20 **LA CUCINA ITALIANA: SCUOLA**

Piazzale Cadorna 5, Eingang: Via San Nicolao 7
Cairoli, Castello ③
+39 02 4974 8004
scuola.lacucina italiana.it

Gegründet 1929, wurde die Zeitschrift *La Cucina Italiana* (mit eigener Versuchsküche) von vielen unserer Mütter über Jahre gern gelesen. Sie betreibt auch diese immer populärer werdende Kochschule (»scuola«), deren Kurse oft morgens stattfinden und rechtzeitig zum Mittagessen enden. Man isst dann, was man selbst gekocht hat, ganz wie daheim bei Freunden.

5 tolle PIZZERIEN für Liebhaber

21 **BERBERÈ**
Via Sebenico 21
Isola ⑩
+39 02 3670 7820
berberepizza.it

Im historischen Circolo Filippo Sassetti, gegründet 1911 als Baugenossenschaft, wirkt das »Berberè« wie ein typisches Mailänder Restaurant der 1940er- oder 50er-Jahre. Die Pizzen aus Vollkorn-Biomehl werden in Scheiben geschnitten serviert, sodass man sie gut teilen kann.

22 **LIEVITO MADRE AL DUOMO**
Largo Corsia dei Servi 11 (Corso Vittorio Emanuele)
Duomo, San Babila ②
sorbillo.it

Reservierungen sind hier nicht möglich, wappnen Sie sich also mit Geduld oder gehen Sie an kalten Wintertagen gleich in ein anderes Lokal (und versuchen es noch einmal an einem anderen Tag), denn jeden Abend werden nur 400 Pizzen gebacken. Dem Besitzer Gino Sorbillo gehört auch eine Pizzeria am Lungomare von Neapel.

23 **CROSTA**
Via Felice Bellotti 12
Osten ⑥
+39 02 3824 8570
crosta.eu

Die »Kruste« von Giovanni Mineo (Schüler Davide Longonis) und Simone Lombardi (Bäcker der Gourmetpizzeria »Dry«) ist eine Bäckerei mit Pizzeria. Brote aus Sauerteig und alten Getreidesorten neben klassischen und modernen Pizzen mit besonderen Zutaten. Auch zum Mitnehmen.

24 **PIZ**
Via Torino 34
5vie ②
+39 02 8645 3482

Pasquale Pomettos »Piz« in der Gasse, die zum Cinema Centrale führt, bietet typische Neapolitaner Pizza in lebhaftem Ambiente, das sich von den raffinierten Restaurants vieler Konkurrenten stark unterscheidet. Keine Reservierungsmöglichkeit. Unser Tipp: *Pizza marinara*.

25 **MARGHE**
Via Cadore 26
Porta Romana ②
+39 02 5411 8711
lnx.marghepizza.com

Frische Zutaten – regional hergestellter Büffelmozzarella, Piennolo-del-Vesuvio-Tomaten, frisches Basilikum, natives Olivenöl extra in Bio-Qualität – werden in der Lokalentdeckung des Jahres in langen Erprobungsprozessen miteinander kombiniert. Übersichtliche Speisekarte mit exzellenter Auswahl, Pizza-Spezialitäten und vegane Gerichte. Eine weitere Filiale befindet sich in der Via Plinio.

21 BERBERÈ

28 UN POSTO A MILANO

5 nette Restaurants
MIT GARTEN

26 **RATANÀ**
Via Gaetano de Castillia 28
Isola ⑩
+39 02 8712 8855
ratana.it

In einem winzigen Gebäude im Schatten der Wolkenkratzer des Stadtteils Porta Nuova bereitet Chefkoch Cesare Battisti seine Gerichte zu, die die »Seele Mailands« verströmen – ausschließlich mit Zutaten lokaler Produzenten. Exzellente Risotti und Fleischgerichte. Seine Partnerin und Sommelière Federica Fabi steht vorne an der Front. Für Kinder gibt es Spielmöglichkeiten im Garten.

27 **U BARBA**
Via Pier Candido Decembrio 33
Südosten ⑦
+39 02 4548 7032
ubarba.it

In einem zu einer Genueser Taverne umgestalteten ehemaligen Boccia-Club speist man einfach und lecker: *Trofie* (kurze, gedrehte Nudeln) mit Pesto, *Pansotti* (gefüllte Pasta) mit Walnuss-Sauce oder Focaccia mit Käse. Die schmackhaften Gerichte, die an Wochenenden am Meer erinnern, kann man am Gemeinschaftstisch genießen oder draußen am Boccia-Feld. Offen auch mittags und an Wochenenden.

28 **UN POSTO A MILANO**

Via Privata
Cuccagna 2
Porta Romana ②
+39 02 5457 785
unpostoamilano.it

Ein Gutshof aus dem 18. Jahrhundert mit zwei Innenhöfen und großem Garten mit Obstbäumen im Herzen Mailands beherbergt den Restaurantbetrieb einer lokalen Initiative, samt Gästehaus mit vier schlicht und funktional möblierten Zimmern. Ein Ort, der nachhaltigen Lebensstil, gesunde Ernährung und Landwirtschaft im städtischen Raum verbindet.

29 **ERBA BRUSCA**

Alzaia Naviglio
Pavese 286
Südwesten ⑨
+39 02 8738 0711
erbabrusca.it

Ein Garten, versteckt am Ende des Naviglio-Kanals, wo die Stadt in ihre ländliche Umgebung übergeht. Am Tisch unter einer Pergola genießt man an warmen Sommertagen die Küche von Alice Delcourt, die nicht weniger verführerisch ist als Gemüse und Salate, die sie selbst in ihrem Garten zieht. Nach dem Essen kann man mit dem Fahrrad eine Tour durch die Umgebung unternehmen.

30 **AL CORTILE**

Via Giovenale 7
Südosten ⑦
+39 02 8909 3079
alcortile.com

In diesem etwas abgelegenen Innenhof nahe den Fonderie Milanesi, der erst vor Kurzem renoviert wurde, fühlt man sich, als wäre man von der Stadt aufs Land gezogen. Kehren Sie in dem roten Haus zu einem *Aperitivo* mit Freunden ein oder genießen Sie ein Abendessen auf der stimmungsvollen Terrasse.

5 schöne Plätze zum
EISESSEN

31 **GELATO GIUSTO**
Via San Gregorio 17
Porta Venezia ⑤
+39 02 2951 0284
gelatogiusto.it

Die junge Vittoria Bortolazzo, ausgebildet in Nobelkonditoreien (Ladurée, Lenôtre, École Valrhona), kreiert Gourmet-Eissorten: innovative Kombinationen ohne künstliche Aromen, Farb- oder Konservierungsstoffe. Im Sommer populär: Basilikumblüte, im Winter: Panettone-Eis.

32 **PAVÉ GELATI & GRANITE**
Via Cesare Battisti 21
Porta Romana ②
+39 02 9438 3619
pavemilano.com

Das Team besitzt eine wachsende Fangemeinde, die Bäckerei Pavé (Via Casati 27) ist laut »New York Times« ein Muss. Für ihr Eis gewann sie kürzlich drei Hörnchen des Gourmetmagazins »Gambero Rosso«. Probieren Sie etwa »Brot und Butter 160« (160 g Aprikosen für 100 g Marmelade), benannt nach der legendären Brioche.

33 **GELATERIA PAGANELLI**
Via Adda 3
Nordosten ⑤
+39 02 6702 751

Drei Hörnchen auch für Francesco Paganelli, der mit innovativen Geschmackssorten experimentiert. Feinschmecker sollten sein Olivenöleis probieren, Basilikumcreme oder gesalzene Pistazie. Ebenfalls delikat: echt sizilianisches Fruchteis (*granita*).

34 **ARTICO GELATERIA TRADIZIONALE**
Via Porro Lambertenghi 15
Isola ⑩
+39 02 4549 4698
articogelateria.com

Ein Muss in Isola. In der letzten Septemberwoche gibt es eine »Schokoladenshow« mit 32 (!) Schokoladen-Eissorten, von Klassikern (Milchschokolade oder Nougat/*gianduia*) bis hin zu anspruchsvolleren Kreationen mit Tabak, Rum oder Barolo. Maurizio Poloni ist auch Gründer einer Eisakademie, wo man mehr über die Kunst der Eisherstellung lernt.

35 **GUSTO 17**
Via Savona 17
Porta Genova ⑨
+39 02 3981 1835
gusto17.com

Der winzige Raum mit Blick auf die Via Savona ist leicht zu übersehen, doch das wäre eine Schande. In dieser »Agro-Eisdiele« werden nur italienische Zutaten verarbeitet: frische Früchte, Biomilch und -sahne. Versuchen Sie Büffel-Ricotta-Creme, Matcha-Tee-Tiramisù, Babà oder mit Eis gefüllte sizilianische Brioche.

31 GELATO GIUSTO

5
STREETFOOD-STÄNDE,
die man nicht verpassen sollte

36 **MANUELINA**
Via Santa Radegonda 10
Duomo, San Babila ②
+39 02 8852 297
manuelinafocacceria.it/milano

In Ligurien wäre ein Strandabend nicht komplett ohne käsegefüllte Focaccia von Recco – in Mailand kann man sie am besten bei »Manuelina« essen. Eröffnet vor einigen Jahren, ist dies der beste Ort, um (zumindest zeitweise) die Hungerqualen kulinarischer Urlaubsnostalgie zu stillen.

37 **SCIATT À PORTER**
Viale Monte Grappa 18
Nordwesten ⑩
+39 02 6347 0524
sciattaporter.it

Imbiss-Spezialitäten aus dem nördlich gelegenen Veltlin – Käse, Schinken, Wurst und ordentliche Weine – bei der Porta Nuova kann man sie probieren, insbesondere *Sciatt* (Casera-Käsebällchen in Teig aus Buchweizen) oder Buchweizen-Pizzocheri mit Wirsing und Kartoffeln (für die man sich an die Tische setzt).

38 **AL POLITICO**
Piazza Castello 5
Cairoli, Castello ③

Die Sandwiches mit großzügiger Füllung sind alle nach Politikern benannt. Doch vergessen Sie die Politik, denn alles dreht sich hier ums Essen! Beliebt auch bei Journalisten, die für die nahe gelegenen Zeitungen arbeiten.

39 **RAVIOLERIA SARPI**

Via Paolo Sarpi 27
Quartiere Cinesi ⑩
+39 331 8870 596

Geduldig wartet man in der Schlange vor der kleinen Knödelbar im Chinesenviertel. In der offenen Küche wird alles auf Bestellung frisch zubereitet, von Crêpes (auch vegetarisch) bis zu den berühmten Ravioli mit Rind- oder Schweinefleisch aus dem nahen Partnerbetrieb, der Metzgerei Sirtori. Nur beste Zutaten finden hier Verwendung.

40 **MACELLERIA POPOLARE CON CUCINA**

Piazza XXIV Maggio 4
Navigli ⑨
+39 02 3946 8368
mangiaridistrada.com

Arrosticini (Fleischspieße), *scottadito* (Lammkotelett), *bombette* (Rouladen) und viele andere Fleischspezialitäten in Bio-Qualität gibt es am renovierten Stadtmarkt an der Piazza XXIV Maggio beim Hafenbecken Darsena. Es ist sowohl eine Metzgerei als auch ein Feinkostgeschäft. Kürzlich eröffneten sie auf dem Markt auch eine Bäckerei und einen Käseladen.

39 RAVIOLERIA SARPI

5

TRATTORIEN,

die authentischen kochen

41 **TRATTORIA MADONNINA**
Via Gentilino 6
Südosten ⑦
+39 02 8940 9089

In dieses Gasthaus aus dem frühen 20. Jahrhundert mit seiner authentischen, volkstümlichen Atmosphäre, alten Möbeln und einer Außenterrasse kommt man immer wieder gern. Die Speisekarte ist beruhigend – einfache Gerichte und Hauptgänge mit gekochtem, gedünstetem oder geschmortem Fleisch, darunter natürlich auch das für Mailand typische Kalb.

42 **MASUELLI S. MARCO 1921**
Viale Umbria 80
Porta Romana ②
+39 02 5518 4138
masuellitrattoria.com

Weiß eingedeckte Tische, Kronleuchter von Venini aus den 1930er-Jahren, entworfen von Giò Ponti, und Thonet-Stühle aus den 1920ern – dieser Anblick ist den Stammgästen des historischen Lokals seit drei Generationen vertraut. Ebenso die Aromen lombardisch-piemontesischer Gerichte, die Küchenchef Max Masuelli hier mit modernem Touch interpretiert. Probieren Sie *Cotoletta alla milanese* – paniertes Kalbskotelett mit Knochen.

43 **ORMA BRUNA**
Via Montevideo 4
Porta Genova ⑨
+39 389 607 8866
ormabruna.com

Die Gerichte dieser Trattoria sind inspiriert von den kulinarischen Traditionen Mittelitaliens, speziell der Regionen Marken *(Marche)* und Abruzzen *(Abruzzo)*, jedoch mit einem modernen Touch und viel Respekt für Zutaten und Zubereitung. Küchenchef Achille Esposito ist jung und vielversprechend, das Ambiente schlicht, fast minimalistisch, viel Wert wurde auf die Inneneinrichtung gelegt. Tipp für die Primi Piatti: *Risotto Milano-Abruzzo*.

44 **TRIPPA**
Via Giorgio Vasari 1
Porta Romana ②
+39 327 668 7908
trippamilano.it

Diego Rossi – der zuvor in den Nobelrestaurants von Norbert Niederkofler und Alfio Ghezzi (3 bzw. 2 Michelin-Sterne) kochte – serviert hier innovative Trattoria-Küche. Zwei einladende Räume, von der Theke aus sieht man die Küche – und den frechen Hipster-Bart des Küchenchefs.

45 **TRATTORIA NOVELLI**
Via Padova 344
Nordosten ⑥
+39 02 2720 7769

Dieses Restaurant ist eine echte Institution am Stadtrand (seit 1927), am nordöstlichen Ende der Via Padova, dem multikulturellen Herzen Mailands. Eine altmodische Trattoria mit halbhoher dunkler Holzvertäfelung und karierten Tischdecken, die einfache Küche aus der Lombardei serviert. Modedesigner Gianni Versace benutzte sie bekanntlich einmal als Kulisse für ein Fotoshooting.

41 **TRATTORIA MADONNINA**

5 gute Restaurants für
REGIONALE KÜCHE

46 **TOSCANINO MILANO RISTORANTE E BOTTEGA**
Via Melzo/Via Lambro
Porta Venezia ⑤
+39 02 7428 1354
toscanino.com

Die Idee des Florentiners Simone Arnetoli, der hier die wichtigsten Weine und handwerklich gefertigte Lebensmittel aus der Toskana zu einem Sortiment kulinarischer Spitzenprodukte zusammenstellte und auch in seinem Restaurant serviert. Hier fühlt man sich wie in einem toskanischen Gutshaus, in dem alles nach frisch gebackenem Brot duftet.

47 **FELICE A TESTACCIO**
Via del Torchio 4
Sant'Ambrogio ④
+39 02 8050 6690
feliceatestaccio.it

Der Ableger eines im römischen Vorortviertel Testaccio angesiedelten Restaurants, dort gefeiert für traditionelle Küche, schaffte auch in Mailand seinen Durchbruch. In dritter Generation ist Giulia, Enkelin des Gründers Felice, hier Küchenchefin. In dem modernen Restaurant serviert man, ganz der Vergangenheit verpflichtet, ausgezeichnete Spezialitäten, darunter die legendären *Tonnarelli cacio e pepe* (dicke Spaghetti mit Käse und Pfeffer).

48 OLIO – CUCINA FRESCA

Piazzale Lavater 1
Porta Venezia ⑤
+39 02 2052 0503
olioristorante.com

Ein Restaurant, in dem alles aus Apulien stammt, angefangen beim nativen Olivenöl extra, das Küchenchef Michele Cobuzzi für seine Gerichte verwendet und mit Slow-Food-Produkten kombiniert, die unter größtem Augenmerk auf ihre natürlichen Aromen zubereitet werden. Den nur begrenzten Platz erweitert man im Sommer durch mehrere Tische im Freien.

49 GUSTO PARMIGIANO

Via della Moscova 24
Brera, Corso Garibaldi ①
+39 02 3651 8884
gustoparmigiano.it

In diesem Laden mit angegliedertem Bistro dreht sich alles um Parmigiano Reggiano (einen Hartkäse mit DOP-Siegel), hergestellt aus Milch einer bestimmten Rinderrasse (Vacche Rosse) – mit verschiedenen Reifungsstadien. Serviert werden auch traditionelle Wurstwaren der Emilia, und es gibt einen großen Weinkeller. Das Menü von Küchenchef Federico D'Amato verbindet Tradition, Moderne … und natürlich Parmesan. Ausgezeichnete warme Küche und Aperitifs.

50 AMPÈRE 57

Via Ampère 57
Osten ⑥
+39 02 3652 1125
ristoranteampere57.com

Fantastische sardische Küche mit viel Fisch und einem Keller voll lokaler Weine. Unwiderstehlich sind insbesondere die Desserts, wie Amarettini oder *seade* – Teigtaschen, gefüllt mit Käse und Kastanienhonig. Im Sommer kann man draußen speisen.

5 *Top-Adressen für*
VEGETARIER

51 **JOIA**
Via Panfilo Castaldi 18
Porta Venezia ⑤
+39 02 2952 2124
joia.it

Das erste fleischlose Restaurant mit »vegetarischer Haute Cuisine« wurde schon vor 20 Jahren mit einem Michelin-Stern ausgezeichnet. Inhaber und Küchenchef Pietro Leemann führt diese Tradition fort. Wählen Sie zum Mittagessen die einzigartige Piatto Quadro.

52 **RADICETONDA**
Via Spallanzani 16
Porta Venezia ⑤
+39 02 3673 7924

Piazza Buozzi 5
Südosten ⑦
+39 02 3673 6669
radicetonda.it

Eine Auswahl exzellenter veganer Bio-Lebensmittel erhält man an der Theke, neben Suppen und Gerichten aus Getreide, Hülsenfrüchten und Gemüse im schicken Ambiente mit Gemeinschaftstisch und Terrasse in der Fußgängerzone. Im Sommer bestellt man etwas zum Mitnehmen und verspeist es in den nahen Giardini Pubblici Indro Montanelli bei der Porta Venezia.

53 **GHEA**
Via Valenza 5
Porta Genova ⑨
+39 02 5811 0980
gheavegetariano.it

Mehr als ein fleischfreies Restaurant, serviert dieses »vegetarische Labor« natürliche vegane Küche mit Respekt vor Natur und Ökosystem und dessen fragilem Gleichgewicht. Der Fokus liegt auf unverarbeiteten saisonalen Zutaten und Aromen.

54 **FLOWER BURGER**
Viale Vittorio Veneto 10
Porta Venezia ⑤
+39 02 3962 8381

Via Tortona 12
Porta Genova ⑨
+39 02 3946 9907
flowerburger.it

Dieser Sprössling der Gourmet-Burger-Welle serviert farbenfrohe vegetarische Varianten des beliebten Schnellgerichts, wie Tofungo, Flower Burger oder Käse-Kichererbse. Selbst gebackene Brötchen mit Kurkuma, Sieben-Korn oder schwarzer Holzkohle und Belägen wie Hummus oder karamellisierten Zwiebeln. Teilweise sitzt man an Gemeinschaftstischen.

55 **LA VECCHIA LATTERIA MILANO**
Via dell'Unione 6
Duomo, San Babila ②
+39 02 874 401

Nach dem Zweiten Weltkrieg besaßen viele Milchbars Tische, wo man zusammensaß und einfache Gerichte, wie pochierte Eier oder Gemüse, aß. Nicht anders ist es heute hier, die Küche jedoch vegetarisch, die Preise zeitgemäß. Probieren Sie den Gemüseteller (*misto forno*).

54 FLOWER BURGER

5

SOZIALE TREFFPUNKTE

zum Essen

56 **ROB DE MATT**
BEI L'AMICO CHARLY
Via Enrico Annibale Butti 18
Nordwesten ⑩
+39 388 446 1762
robdematt.org

Eine gute Trattoria mit eigenem Gemüsegarten, die Zutaten in Bio-Qualität verarbeitet, auf kurze Lieferketten und Nachhaltigkeit in jeder Hinsicht achtet. »Rob de Matt«, das im vorstädtischen Randbezirk Dergano liegt, wurde als Ort des sozialen Austauschs gegründet und als Projekt, das Menschen mit geistigen Behinderungen Arbeitsplätze bietet.

57 **BISTRŌLINDA**
IM TEATRO ELFO PUCCINI
Corso Buenos Aires 33
Porta Venezia ⑤
+39 02 3660 1805
olinda.org

Das Bistro des Teatro Elfo Puccini (*elfo.org*) mit einem Dutzend kleiner Tische bietet eine Reihe gut zubereiteter Gerichte auf seiner Speisekarte. Sie alle folgen klassisch italienischen Küchentraditionen und treffen vielfach auch den Geschmack von Vegetariern. Besonders die Kuchen sind ausgezeichnet. Unter Führung einer Genossenschaft, die Menschen in Notlagen beschäftigt.

58 INGALERA

IN DER HAFTANSTALT BOLLATE

Via Cristina Belgioioso 120
Nordwesten ⑩
+39 334 3081 189
ingalera.it

Dieser Ort erhebt den Anspruch, das einzige italienische Restaurant zu sein, das in einem für das Publikum zugänglichen Gefängnis logiert: der Justizvollzugsanstalt von Bollate. Die Häftlinge servieren hier – unter Aufsicht eines professionellen Küchenchefs und Maître – Mittag- und Abendessen sowie ein Degustationsmenü mit wirklich einnehmenden Gerichten. Reservierung wird empfohlen.

59 RAB

Corso San Gottardo 41
Südwesten ⑨
+39 02 8352 0869
spaziorab.it

In diesem Literatencafé können Sie frühstücken, einen Imbiss einnehmen oder zu Mittag essen. Oder Sie studieren und arbeiten an Co-Working-Stationen, lesen ein Buch oder nehmen an Theater- und Kunst-Workshops teil. Gönnen Sie sich hier abends einen *Aperitivo* oder besuchen Sie eine Ausstellung. Ein Arbeitsplatzprojekt für Menschen mit Lernschwierigkeiten.

60 REFETTORIO AMBROSIANO

Piazza Greco 11
Nordwesten ⑩
+39 02 760 371
refettorioambrosiano.it

Der in Modena ansässige Sterne-Koch Massimo Bottura gab diesem Restaurant einen starken Auftrieb, indem er Künstler und Designer – und Freunde des Küchenchefs – in das von der gemeinnützigen Organisation Caritas betriebene Restaurant mit einbezog, um Bedürftigen zu helfen. Ein schönes Projekt, das er auch nach Rio de Janeiro, London und Paris exportierte.

5 Tipps für anspruchsvolle
ASIA-KÜCHE

61 **WICKY'S WICUISINE**
Corso Italia 6
Porta Romana ②
+39 02 8909 3781
wicuisine.it

Ein Restaurant, das Sie sich nicht entgehen lassen sollten. Wählen Sie einen Platz »in der ersten Reihe« an der Theke bei Wicky Priyan, und Sie können zuschauen, wie der Meisterkoch vor ihren Augen ein Menü nach eigenen Inspirationen zubereitet. Der gebürtige Singhalese lebte einige Jahre in Japan, wo er die lokale Kultur und Kulinarik kennenlernte. Die Speisekarte listet u. a. »Mailänder« Sushi mit Safranreis.

62 **BON WEI**
Via Castelvetro 16–18
Nordwesten ⑩
+39 02 341 308
bon-wei.it

Hier serviert man regionale chinesische Gourmetküche – überraschend kombinierte Gerichte aus frischen Produkten und hochwertigen Zutaten. Ein modernes, äußerst komfortables Restaurant mit aufwendiger Lichtregie und kunstvoll durchbrochenen roten Zwischenwänden. Probieren Sie die Pekingente oder sautierten Hummer mit Ingwer. Verschiedene Degustationsmenüs.

63 **IYO**

Via Piero della Francesca 74
Nordwesten ⑩
+39 02 4547 6898
iyo.it

Das japanische Restaurant der chinesischen Familie Liu trägt einen Michelin-Stern. Michele Biassoni arbeitet in der offenen Küche, während die Sushi-Theke den geschickten Händen von Masaki Okada obliegt, der die rohen Zutaten mit Meisterschaft zubereitet. Moderne, anspruchsvolle Küche.

64 **RISTORANTE TOKUYOSHI**

Via San Calocero 3
Sant'Ambrogio ④
+39 02 8425 4626
ristorantetokuyoshi.com

Die Tatsache, dass er als Sous-Chef bei Massimo Bottura lernte, als dieser mit seiner »Osteria Francescana« in Modena seinen zweiten und dritten Michelin-Stern errang, spricht eigentlich für sich. Inzwischen eröffnete Yoji Tokuyoshi ein eigenes Restaurant, wo man seine persönliche »italienische Fusions-Küche« probieren kann.

65 **CITTAMANI**

Piazza Carlo Mirabello 5
Brera, Corso Garibaldi ①
+39 02 3824 0935
cittamani.com

Die Ankunft von Ritu Dalmia, die aus der nordindischen Region Narwar stammt, wurde mit Spannung erwartet. Die Starköchin, bekannte Größe in ihrer Heimat, wählte das Brera-Viertel für die Eröffnung ihres Mailänder Restaurants »Cittamani«. Unter der Leitung von Shivanjali Shankar serviert man hier moderne indische Küche auf Basis frischer Zutaten aus Italien.

5-mal
ITALIENISCHE KÜCHE
von Meisterhand

66 **SPAZIO NIKO ROMITO MILANO**
IN DER GALLERIA VITTORIO EMANUELE II, 4. ETAGE.
Piazza del Duomo 1
Duomo, San Babila ②
+39 02 878 400
spazionikoromito.com/ristorante

Die einstige Kochschule Accademia Niko Romito im Mercato del Duomo für Schüler des gleichnamigen Drei-Sterne-Kochs aus den Abbruzzen entwickelte sich kontinuierlich weiter und ist noch immer einer der interessantesten Plätze zum Essen der Stadt, ein erholsamer Ort im Zentrum mit tollem Blick auf den Dom. Der Küchenchef betreibt auch das Ristorante Niko Romito im Bulgari Hotel in Mailand, wo er klassische italienische Gerichte mit einem modernen Touch neu interpretiert.

67 **FILIPPO LA MANTIA – OSTE E CUOCO**
IM MERCATO CENTRALE
Via Giovanni Battista Sammartini, 2
Nordosten ⑤
+39 02 3792 8410
mercatocentrale.it/milano/artigiani/il-ristorante-filippo-la-mantia-oste-e-cuoco

Filippo La Mantia, Gastgeber, Koch und Kunsthandwerker (wie er selbst sich gerne nennt), startete im Mercato Centrale (nicht weit vom Hauptbahnhof) mit 80 Sitzplätzen ein kulinarisches Abenteuer. Seine Küche verkörpert die Traditionen, Aromen und Farben seiner Heimatregion Sizilien, doch »ohne Knoblauch, Zwiebeln, Lauch oder Schalotten«, wie all seine Anhänger wissen.

68 SETA – ANTONIO GUIDA

IM HOTEL MANDARIN ORIENTAL

Via Andegari 9
Brera, Corso Garibaldi ①
+39 02 8731 8897
mandarinoriental.com

In nur zwei Jahren wurde Antonio Guida im »Mandarin Oriental« mit zwei Michelin-Sternen ausgezeichnet – mit einer Küche, die sich als »pur, klar und entschieden in den Zutaten« beschreiben lässt. Sein Risotto etwa mit Butter, Salbei, Käse, Gemüse und Himbeerpulver ist die innovative Neuinterpretation eines lombardischen Gerichts.

69 LUME – LUIGI TAGLIENTI

Via Giacomo Watt 37
Südwesten ⑨
+39 02 8088 8624
lumemilano.com

Luigi Taglienti sucht jeweils nach besten Rohstoffen, mit besonderem Blick auf deren Verbindung zum Terroir. Außer im Restaurant mit Designermöbeln kann man im Sommer auch im »L'Orto di Lume« sitzen, einem hellen, weißen Gartenraum, der nach Tomatenpflanzen und aromatischen Kräutern duftet.

70 CRACCO IN GALLERIA

IN DER GALLERIA VITTORIO EMANUELE II

Piazza del Duomo 1
Duomo, San Babila ②
+39 02 876 774
ristorantecracco.it

Fresken, Stuck, von Hand bemalte Wände, riesige Fenster mit Blick auf das Oktagon in der Galleria und antikes Mobiliar verweisen auf ein architektonisches Erbe, das sich von der zweiten Hälfte des 19. Jahrhunderts bis Giò Ponti spannt. Genießen Sie ein Abendessen im Gourmetrestaurant von Carlo Cracco oder Kaffee und Croissant (von Konditor Marco Pedròn) im Erdgeschoss bzw. an den Tischen im Freien. Auch toll nach einem Theaterbesuch.

5 schöne Treffpunkte
NACH DER OPER

71 **JAMAICA BAR**
Via Brera 32
Brera, Corso Garibaldi ①
+39 02 876 723
jamaicabar.it

Ein Ort voller Erinnerungen an die illustren Gäste, die hier seit Eröffnung Anfang der 1920er-Jahre einkehrten: Künstler und Literaten (u. a. Salvatore Quasimodo, Giuseppe Ungaretti), Maler wie Lucio Fontana oder Nobelpreisgewinner Dario Fo, aber auch Dozenten und Studenten der nahe gelegenen Accademia di Brera.

72 **LA LIBERA**
Via Palermo 21
Brera, Corso Garibaldi ①
+39 02 8053 603
lalibera.it

Das Brera-Viertel liegt direkt hinter der Scala. In dieser typischen Mailänder Trattoria mit originaler Theke, Holzvertäfelung und eng gestellten Tischen kehrt man gerne nach einer Aufführung ein. Typisch Mailänder Küche, unser Tipp: *Riso al salto* (eine Art Reispuffer) und Fleischgerichte.

73 **ROSY E GABRIELE 1**
Via Sirtori 26
Porta Venezia ⑤
+39 02 2952 5930

Bis spät in die Nacht geöffnet, weshalb man nach einem langen Arbeitstag hier häufig Schauspieler, Models und Fotografen trifft. Ein unprätentiöser Ort mit gutbürgerlicher Küche, frischem Fisch und guter Pizza, wo man sich – auch alleine – wohlfühlt.

74 **A SANTA LUCIA**
Via San Pietro all'Orto 3
Duomo, San Babila ②
+39 02 7602 3155
asantalucia.it

Traditionell beliebt für einen Stopp nach dem Theater. Zu den Gästen des ersten Standorts in der Via Agnello zählten Gabriele d'Annunzio, Pietro Mascagni, Edoardo de Filippo und Totò. Originales Mobiliar und historisches Schild zogen mit an den neuen Standort, nur wenige Meter die Straße hinauf. Unter den berühmtesten Besuchern: Frank Sinatra, Liza Minelli, Maria Callas (mit Fotos an der Wand).

75 **IL FOYER**
Via Filodrammatici 2
Duomo, San Babila ②
+39 02 7209 4338
gualtieromarchesi.it

Gualtiero Marchesi, Begründer der modernen italienischen Küche und Mentor fast aller Mailänder Starköche, starb 2017. In diesem Restaurant im Foyer der Scala wird sein kulinarisches Vermächtnis gepflegt, bis heute ein Muss für viele Feinschmecker. Legendär: sein Safran-Risotto mit Blattgold.

71 JAMAICA BAR

5 *Restaurants für* GESUNDE *und* BIOLOGISCHE KÜCHE

76 **CONTRADA GOVINDA**
Via Valpetrosa 5
5vie ②
+39 4954 2241
contradagovinda.com

Davide Longoni, einer der bekanntesten Bäcker der Stadt, eröffnete in der Casa dei Grifi, einem Gebäude aus dem 14. Jahrhundert, eine Bäckerei sowie eines der ersten vegetarischen Restaurants Mailands. In der ehemaligen Kantine der Hare-Krishna-Gesellschaft serviert er originelle vegetarische Gerichte, die man mit alkoholfreien Getränken und »Mocktails« herunterspülen kann.

77 **CASCINA NASCOSTA**
IM PARCO SEMPIONE
Cairoli, Castello ③
+39 340 675 5196
cascinanascosta.org

Das Gebäude, das mit seinem Innenhof wirkt wie ein typisches Bauernhaus der Lombardei, liegt etwas versteckt zwischen zwei Aufschüttungen im Parco Sempione. Hier fördert man die Nachhaltigkeit von Lebensmitteln auf verschiedene Weise. Beim Besuch der *Latteria* (Molkerei) können Sie Gerichte probieren, die sich für die meisten Ernährungsformen eignen und aus gesunden, saisonalen Zutaten der umliegenden Region zubereitet werden.

78 **BIOESSERÍ**

Via Fatebenefratelli 2
Brera, Corso Garibaldi ①
+39 02 8907 1052
bioesseri.it

Das Haute-Cuisine-Festival »Identità Golose« rühmte die kulinarische Qualität dieses Lokals. Gegründet von zwei Brüdern aus Sizilien, serviert es Bio-Gerichte in einem zeitgemäßen Ambiente. Das »Bioesserí« (mit einer Ecke, um Lebensmittel einzukaufen) ist geöffnet vom Frühstück bis zum Abendessen. Besonders die Pizza sollten Sie probieren.

79 **NABI-NATURA BIOLOGICA**

Via Cadore 41
Porta Romana ②
+39 02 3674 0247
naturabiologica.net/nabi

Leichte Küche mit wenig Dressing, damit die Zutaten, viele davon pflanzlich, so richtig zur Geltung kommen können. Auf Bestellung gefüllte Croissants zum Frühstück, frisch gebackene Kuchen zum Tee und ein Tagesgericht mit vier verschiedenen Optionen. Mittwoch bis Sonntag abends von 19–23 Uhr wird »NaBi« zum vegetarisch-veganen »SoloBurgher«.

80 **THAT'S VAPORE**

Via Michelangelo Buonarroti 3
Westen ⑧
+39 02 4351 1568
thatsvapore.it

»That's Vapore« betreibt mehrere Filialen in der ganzen Stadt, denn dank einer Küche auf Basis von Dampfgaren (»vapore«) spricht man insbesondere solche Mailänder an, die leicht und fit sein wollen. Eine gesunde, leckere Auswahl an Fisch, Geflügel, Pasta und Gemüse, kombiniert mit Säften, Smoothies und frischem Obst. Auch Home Delivery.

5
LIEFERDIENSTE
für gesundes Essen

81 **NANIE**
nanie.com

Die Lieferung erfolgt per E-Fahrzeug in umweltfreundlicher Verpackung, hergestellt wird auf Bestellung mit von Geschmacksexperten und Kochprofis ausgewählten Produkten. Die Speisekarte ändert sich immer wieder, doch einige Gerichte kommen nie aus der Mode, wie der Mega-Hummus mit schwarzen toskanischen Kichererbsen, Fenchel, Blumenkohl oder ein toskanischer Grünkohlsalat im Brot aus Sauerteig.

82 **MUGS AND CO.**
Via Emilio Morosini 4
Osten ⑥
+39 02 8738 3354
mugsandco.eu

Das Café mit Bäckerei, das in seinem Aussehen ein bisschen an New York erinnert, ist gleichwohl im Herzen uritalienisch. Die Karte bietet eine gute Auswahl an veganen Gerichten – laktosefrei, doch nicht weniger lecker –, die man sich (mit zu 100 % kompostierbarer Verpackung) auch ins Büro oder nach Hause liefern lassen kann. Legendär ist der täglich angebotene Brunch, ausgezeichnet sind auch die hausgemachten Kuchen.

83 **DIET TO GO**
+39 02 8715 9091
diet-to-go.com

Ein Lieferservice für alle, die zwar eine Diät machen, sich jedoch das Kochen und Kalorienzählen ersparen wollen. Sie haben die Wahl zwischen einem Tages- oder Wochenplan: mit einem mediterranen, vegetarischen oder Detox-Menü. Alles, was Sie für einen Tag brauchen, wird in einer Isolierbox geliefert (Frühstück, Mittagessen, Imbiss und Abendessen).

84 **ORTICELLO**
Viale Monte Nero 22
Porta Romana ②
+39 02 8354 9655
orticellotakeaway.it

Cristina Chiusano, Köchin aus dem Piemont, und Alessandra Schatzinger starteten dieses Projekt, um gesunde und leichte Gerichte anzubieten: zum Mitnehmen oder per Gourmet-Lieferservice, der beste Zutaten verwendet. Einfache und doch besondere Gerichte, die man sich auf Wunsch nach Hause oder ins Büro bestellen kann.

85 **CORTILIA**
+39 02 8719 7503
cortilia.it

Cortilia liefert eine Box frischer und organischer Produkte an den gewünschten Ort, auch einmalig ohne Abonnement. Auf der Website werden Obst- oder Gemüseboxen angeboten (oder eine Mischung aus beidem), dazu Brot, Käse, Schinken, Honig, Konfitüren und vieles mehr. Sämtliche Lebensmittel stammen von lokalen Produzenten.

60 ORTE ZUM TRINKEN UND FEIERN

5 schöne Plätze für einen APERITIVO

86 **FRIDA**
Via A. Pollaiuolo 3
Isola ⑩
+39 02 680 260
fridaisola.it

Ein Platz mit langer Geschichte im Viertel Isola mit einem Innenhof voller Tische, der im Sommer nur so von Menschen brummt. Ungezwungene Atmosphäre, erschwingliche Preise und viel Bier, darunter auch italienische Marken. Man beginnt mit ein paar Häppchen zum *Aperitivo*, bevor die Nacht mit Gesprächen und guter Musik vergeht.

86 **FRIDA**

87 **MAG CAFÈ**

Ripa di Porta Ticinese 43
Navigli ⑨
+39 02 3956 2875

Unkonventionelle Atmosphäre mit Holztheke und antiken Möbeln. Eine bekannte Adresse für tolle Mixgetränke und saisonal wechselnde Cocktailkarte. Den Besitzern Flavio Angiolillo und Marco Russo gehört auch das »BlackDoor 43« (Ripa di Porta Ticinese 43).

88 **FONDERIE MILANESI**

Via Giovenale 7
Südosten ⑦
+39 02 3652 7913
fonderiemilanesi.it

Gehen Sie die Privatstraße hinunter, so stehen Sie plötzlich in einem Innenhof, der sich abends in einen charmant-romantischen Ort verwandelt. Die Atmosphäre ist entspannt wie die Leute in der Bar: Jugendliche (der nahen Università Bocconi), die sich am großen Holztisch schmackhafte Pasta- und Focaccia-Portionen einverleiben.

89 **CAFÉ GORILLE**

Via G. de Castillia 20
Isola ⑩
+39 02 6887 627
cafegorille.it

Früher befanden sich auf dem 1882 eröffneten Gelände Werkstätten von Handwerkern und Künstlern. Die entspannte Atmosphäre dort hat sich bis heute erhalten, in diesem stylishen Bistro mit zwanglosem Mobiliar, das eine Gruppe von Freunden führt. Geöffnet von früh bis abends.

90 **PANIFICIO DAVIDE LONGONI**

Via G. Tiraboschi 19
Porta Romana ②
+39 02 9163 8069
davidelongonipane.com

Wenn auch etwas abseits vom Schuss liegend, ist dieser Laden mit kleinem Garten, wenn es fünf Uhr schlägt, ein beliebter Treffpunkt für Kenner. Für Brotkenner wohlgemerkt, denn das Brot wird hier mit Sauerteig aus Bio-Mehl und alten Getreidesorten hergestellt.

5 lässige

BARS IN MUSEEN

91 **LÙBAR**
IN DER VILLA REALE
Via Palestro 16
Porta Venezia ①
+39 02 8352 7769
lubar.it

Heute ist die ehemalige Orangerie der Villa Reale ein prächtiger Wintergarten mit großen Fenstern und Blick ins Grüne. Einige Tische stehen im südlichen Portikus, einst Eingang für die Pferde. Slow-Food-Küche. Entspannte Atmosphäre, wie auch im Park (mit einem Bereich für Kinder).

92 **BAR LUCE**
IN DER FONDAZIONE PRADA
Largo Isarco 2
Südosten ⑦
+39 02 5666 2611
fondazioneprada.org

Gleich nach ihrer Eröffnung avancierte diese Bar, ein Projekt von Wes Anderson (Regie-Oscar für *Grand Budapest Hotel*), vom Frühstück bis zum Abend zum angesagten Lieblingstreff. Besuchen Sie sie möglichst an Wochentagen, am Wochenende ist es oft chaotisch.

93 **CAFFÈ FERNANDA**
IN DER PINACOTECA
DI BRERA
Via Brera 28
Brera ①
+39 345 050 4846
caffefernanda.com

Die neue Bar in der Pinacoteca di Brera (ganztägig geöffnet) bietet außer ihrer langen Holztheke auch einige Tische auf der Terrasse. Bezüglich des Menüs berät sie der bekannte Küchenchef Filippo La Mantia. Der Name bezieht sich auf die Kunsthistorikerin Fernanda Wittgens (1903–1957), die als erste Frau mit der Pinacoteca ein staatliches Museum leitete.

94 VÒCE AIMO E NADIA

IN DER GALLERIE D'ITALIA

Piazza della Scala 6

Duomo, San Babila ②

+39 349 327 3374

voceaimoenadia.com

Café, Restaurant und Buch-Shop, die Essen, Kultur und Kunst stilvoll vereinen. Das Café ist ganztags geöffnet, mittags gibt es Salate und Focaccia aus alten Getreidesorten. Im Gourmetrestaurant präsentieren Fabio Pisani und Alessandro Negrini, Erben des historischen Aimo e Nadia, mit Stefania Moroni ambitioniert interpretierte italienische Küche.

95 GIACOMO CAFFÈ

Piazza del Duomo 12

Duomo, San Babila ②

+39 02 8909 6698

giacomocaffe.com

Das Café im Palazzo Reale, mit hübschem Innenhof und Zwischengeschoss wo man in Ausstellungskatalogen blättern kann, ist einer der Stars des »Giacomo«-Verbunds. Zu diesem gehört noch ein Restaurant im nahen Palazzo dell'Arengario und ein Bistro in der Via Sottocorno mit Konditorei und Bar/Tabakladen, alle im Retro-Look mit ähnlichem Vintage-Geschirr und -Mobiliar.

91 LÙBAR

5
WEINLOKALE,
wo man sich gut entspannen kann

96 **BICERÌN**
Via Panfilo Castaldi 24
Porta Venezia ⑤
+39 02 8425 8410
bicerinmilano.com

Silvia, Alberto und Lorenzo begrüßen Sie in ihrem eleganten, komfortablen »Wohnzimmer« mit antiker Einrichtung, wo man gute Getränke genießen kann. Eine angenehme Enoteca, um Zeit mit Freunden zu verbringen, mit erstklassigen Marken und kleinen Mahlzeiten. Oft gibt es Verkostungen kleiner Produzenten, seit Kurzem auch einen Mittagsservice.

97 **LA CIECA**
Via Carlo Vittadini 6
Südosten ⑦
+39 02 5843 7901
lacieca.it

Eine Weinhandlung für kleine Winzer aus Italien. Glasweise ausgeschenkte Weine mit einer Platte Aufschnitt oder Käse. Wenn Sie Lust haben, wagen Sie eine »Blindverkostung«: Erraten Sie Wein, Jahrgang und Produzenten, und Sie gewinnen eine Flasche.

98 **CANTINE ISOLA**
Via Paolo Sarpi 30/ Via Arnolfo di Cambio 1-A
Quartiere Cinesi ⑩
+39 02 3315 249
cantineisola.com

Im Fußgängerbereich von Chinatown ist zur *Aperitivo*-Zeit immer etwas los. Diese Bar wurde zum Synonym für anspruchsvolles Trinken, der Weinladen hängt vor der Hauswand eines historischen Palazzo wie ein »Bücherregal«, in dem die Bücher durch Flaschen ersetzt wurden.

99 **VINO AL VINO**

Via Gaspare Spontini 11
Osten ⑥
+39 02 2941 4928

Glasweise ausgeschenkt, können Sie hier jeden einzelnen Wein probieren (zum Viertel des Flaschenpreises), und wenn Sie eine ganze Flasche wählen und nicht austrinken, diese mit nach Hause nehmen. Ein einfach-unkomplizierter Laden – wie die Einrichtung mit Flaschen kleiner Winzer aus Italien und anderen Ländern.

100 **E/N ENOTECA NATURALE**

Via Santa Croce 19
Sant'Ambrogio ④
+39 02 8277 0589
enotecanaturale.it

Genießen Sie ein Glas Wein im Innenhof mit Blick auf die schöne Basilica di Sant' Eustorgio. Die Enoteca bietet 250 Naturweine kleiner Produzenten, die Mensch und Umwelt respektieren, und serviert kleine Bio-Gerichte. In Räumen von Emergency, einem unabhängigen Sozialverein, den man unterstützt durch Vermittlung von Praktika für Asylbewerber.

96 BICERIN

5 *Treffpunkte*
FÜR BIERTRINKER

101 **GHE PENSI M. I.**
Piazza Morbegno 2
NoLo ⑤
+39 351 974 4469
ghepensi-mi.it

Surfbretter und eine extrem entspannte Atmosphäre. Bei »Ghe Pensi M. I.« (im Mailänder Dialekt so viel wie »Dafür sorge ich!« – ein Standardspruch von Berlusconi!) kann man handwerklich gebrautes Bier trinken und dazu opulente Sandwiches oder Platten mit Deftigem verspeisen. Hier herrscht südländische Atmosphäre, und wenn es um Essen, Spaß und Entspannung geht, ist Party angesagt.

102 **LAMBIC ZOON**
Via Friuli 46
Porta Romana ②
+39 02 3653 4840
lambiczoon.com

Lambic ist eine belgische Bierspezialität mit geschützter Herkunftsbezeichnung, die durch Spontangärung entsteht. Dieser Ort für Bierkenner bietet zehn Biersorten vom Fass. Neben »säuerlichen« Bieren gibt es Pilsener, dunkles Porter und IPAs (Italian Pale Ale) von italienischen Brauereien. Dazu werden leckere Burger serviert.

103 IMPRONTA BIRRAIA

Via Tucidide 56
Osten ⑥
+39 02 3707 2071
improntabirraia.com

Ein Brauereipub in Ortica, wo einst die »Mailänder Meute« das Sagen hatte. In einem Gebäude des frühen 20. Jahrhunderts wird eine Auswahl handwerklich gebrauter Biere serviert. Besonders Hibu ist erwähnenswert: ein italienisches Unternehmen, das in der Lombardei und Basilicata Gerste und Hopfen für über 30 verschiedene Biere anbaut.

104 BIRRIFICIO LA RIBALTA

Via Cevedale 3
Nordwesten ⑩
+39 02 3932 9002
birrificiolaribalta.com

In den wärmeren Monaten fühlt man sich hier in einem Innenhof Lichtjahre von der Stadt entfernt – eine bei jüngeren Leuten beliebte farbenfrohe Location mit spartanisch umgenutzten Möbeln in einem Mailänder Vorort. Man trinkt Craft Beer direkt neben dem Ort, wo es gebraut wird. Häufig Livemusik.

105 BIRRIFICIO LAMBRATE

Via Golgi 60
Osten ⑥
+39 02 8496 1890
birrificiolambrate.com

Pioniere der Craft-Beer-Bewegung, die nicht pasteurisiertes, ungefiltertes Bier ausschließlich aus Wasser, Gerstenmalz, Hopfen und Hefe herstellen, benannt nach Mailänder Ikonen: »Lambrate« (nach einem Stadtviertel), »Sant'Ambroeus« (nach dem Stadtpatron St. Ambrosius) oder »Ghisa« (Verkehrspolizist). Englische Pub-Atmosphäre und Restaurant.

5
COCKTAILBARS,
die man nicht verpassen sollte

106 **NOTTINGHAM FOREST**
Viale Piave 1
Osten ⑥
nottingham-forest.com

Die Theke stammt aus einer der Bars des New Yorker »Knickerbocker Hotel«, einst Kultort für Barkeeper. Heute entfaltet Maestro Dario Comini, Alchimist des 21. Jahrhunderts, in der winzigen Bar seine Magie. Ein italienischer Treffpunkt, seit Jahren auf der Liste der 50 besten Bars der Welt prominent vertreten. Salute!

107 **CINC BRERA**
Via Marco Formentini 5
Brera, Corso Garibaldi ①
+39 02 3655 0257
cincbrera.it

Der einstige Möbelladen in einem eindrucksvollen Viertel Mailands steht für ungezwungene Atmosphäre. Von morgens/mittags bis spätnachts toll für einen *Aperitivo* mit Oliven und ein paar Chips. Noch mehr allerdings werden Sie die Cocktailkarte von Luca Pirola zu schätzen wissen.

108 **RITA**
Via Angelo Fumagalli 1
Navigli ⑨
+39 02 8372 865

Diese Bar nahe der Eisenbrücke schwamm immer gegen den Strom, konzentrierte sich auf Qualität mitten im Touristenviertel. Die Getränkekarte ermöglicht einen Trip um die ganze Welt hinsichtlich Cocktailnamen und Herkunft der Flaschen. Die Küche serviert Fingerfood.

109 BULK

IM VIU HOTEL – MORELLI MILANO

Via Aristotile Fioravanti 4
Nordwesten ⑩
+39 02 8001 0918
morellimilano.it

»Bulk« bezieht sich auf ein besetztes Haus, das hier stand, bevor das »Hotel Viu« gebaut wurde. Die Cocktailbar erwarb sich einen soliden Ruf, dank der Karte von Ivan Patruno, der hinter dem Tresen »magische« Cocktails mixt. Probieren Sie den spektakulären »Negroni del Professore«.

110 RADETZKY

Corso Garibaldi 105
Brera, Corso Garibaldi ①
+39 02 6572 645
radetzky.it

Viele wählen zwar einen Spritz, doch es gibt auch eine ausgezeichnete Cocktailkarte, passend zu Oliven, Chips, Mini-Pizzen – und dem leicht schroffen Service. Doch man muss hier einfach reinschauen, auch wenn man nur selten im Freien einen Sitzplatz findet. Bleiben sie halt einfach stehen wie die Mailänder ...

106 NOTTINGHAM FOREST

5 *entdeckenswerte Orte*

AN DEN NAVIGLI

111 **BAR TABACCHI LA DARSENA DA PEPPUCCIO**
Via Vigevano 1
Porta Genova ⑨
+39 02 8321 293

Jeder nennt den Laden, der aussieht wie jede beliebige Tabacchi-Bar, nach seinem Besitzer »Peppuccio«. Vielleicht einer der Gründe, weshalb auch das ultraschicke Publikum den Ort so liebt. Und dann sind da natürlich noch die Jazz-Improvisationen vor der Theke – denn Peppuccio ist auch Musiker. Hier geben sich Models, Studenten, feine Mailänder Damen (*sciure*), Musiker und Passanten zwanglos ein Stelldichein.

112 **ELITA BAR**
Via Corsico 5
Porta Genova ⑨
+39 02 3679 8710
elita.it

Trotz einer gewissen Wankelmütigkeit sind die Mailänder bis heute treue Anhänger dieser Cocktailbar im modernen Industrial-Schick, die in der Nähe eines Naviglio etwas abseits der Piste liegt. Besondere Stärken sind neben den Mixgetränken die ausgezeichneten Ginsorten und eine Küche, die bis in die frühen Morgenstunden geöffnet ist. Eine Gründung des Elita-Teams, das zahlreiche Events in der Stadt organisiert.

111 **BAR TABACCHI LA DARSENA DA PEPPUCCIO**

113 UGO

Via Corsico 12
Porta Genova ⑨
+39 02 3981 1557
ugobar.it

»Ugo«, ein Retro-Ort der ganz anderen Art, der einem Pariser Salon ähnelt, liegt nicht weit von der »Elita BAR« entfernt. Selbst die Cocktails, die dort zum *Aperitivo* am Tisch serviert werden, wirken fast ein bisschen »retro«. Lassen Sie sich von Barkeeper Luca Vezzali bei der Auswahl beraten. Draußen gibt es kleine Tische.

114 REBELOT DEL PONT DE FERR

Ripa di Porta Ticinese 55
Navigli ⑨
+39 02 8419 4720
rebelotnavigli.com

Eine unverputzte Ziegelwand, die lange Bar, eine beeindruckende Galerie von Flaschen und ein Publikum, das es gewohnt ist, gut zu trinken und zu essen. Nehmen Sie an einem der Tische Platz und genießen Sie die Kleinigkeiten, die, häufig variierend, auf Bestellung zubereitet werden. Wenn Sie möchten, können Sie auch zum Abendessen bleiben.

115 MORGANTE COCKTAIL & SOUL

Vicolo Privato Lavandai 2-A
Porta Genova ⑨
+39 02 3594 0879
morgantecocktail.com

Diese Bar trägt den Namen ihres Eigentümers Gianfranco Morgante, eines Architekten, der in der historischen »Wäschereigasse« Vicolo de Lavandai eine ehemalige Kunstgalerie in eine Cocktailbar mit Küche umfunktionierte. Die raffinierte Karte listet über 150 verschiedene Getränke, die man mit frisch zubereiteten Gerichten kombinieren kann. Eine entspannte Ecke im lebhaften Navigli-Viertel.

5 schöne Lokale
MIT AUSSICHT

116 **TERRAZZA TRIENNALE – OSTERIA CON VISTA**
IM TRIENNALE DI MILANO
Viale Alemagna Emilio 6
Cairoli, Castello ③
+39 02 3664 4340
osteriaconvista.it

Die großen Fenster bieten beste Aussicht auf den Parco Sempione sowie Panoramablicke auf die Hochhäuser der Porta Nuova. Gönnen Sie sich einen Cocktail bei Sonnenuntergang oder gegen Mittag, wenn die Sonne durch die Fenster scheint. Im Erdgeschoss lockt ein Bar-Bistro, an schönen Tagen der Garten zum Sonnenbaden.

117 **TERRAZZA 12**
IM BRIAN & BARRY BUILDING, 10. ETAGE
Via Durini 28
Duomo, San Babila ②
+39 02 9285 3651
terrazza12.it

Ein farbenfrohes Wohnzimmer mit Dekoration, die an die 1950er erinnert, im 10. Stockwerk eines Bekleidungsgeschäfts. Insbesondere Frauen lieben die Stühle, Kissen und niedrigen Tische. Da der Platz knapp bemessen ist, empfiehlt sich, im Voraus zu reservieren.

118 **THE DOME ROOFTOP & RESTAURANT**
Via Giuseppe Mazzini 2
Duomo-San Babila ②
+39 02 2660 0449
odsweethotel.com/specials.html

Die »instagram-taugliche« Terrasse im 7. Stock des Hotels ODSweet Duomo Milano bietet einen tollen Blick auf Piazza Duomo, Galleria Vittorio Emanuele und Castello Sforzesco. Toll für ein Frühstück mit Freunden, Arbeitsessen, Cocktails oder ein Abendessen mit geteilten Tellern.

119 **RADIO ROOFTOP MILAN**

Via Marco Polo 18
Nordosten ⑤
+39 02 8422 0109
radiorooftop.com/milan

Die Kulisse ist international, nicht anders als die Cocktails und Gerichte, die hier serviert werden. Man speist drinnen oder im Sommer draußen auf der Terrasse, wo die Wolkenkratzer der Porta Nuova mit den Händen greifbar erscheinen. Hintergrund-untermalung mit Deep-House-Musik.

120 **TERRAZZA MARTINI**

Piazza Armando Diaz 7
Duomo, San Babila ②
+39 011 941 9831
martini.com/terrazza-martini

Die historische Terrasse gehört zum Martini-Imperium. 1958 eröffnet, avancierte die Bar gleich zur Ikone, gefolgt von Ablegern in Paris, London und São Paulo. Seit Kurzem kann man hier an Markenveranstaltungen teilnehmen und Unterricht im Cocktail-Mixen nehmen. Ein charmanter Ort mit Rundumblick auf die Stadt.

117 **TERRAZZA 12**

5 beliebte Treffs der GAY COMMUNITY

121 **MONO BAR MILANO**
Via Lecco 6/
Via P. Castaldi
Porta Venezia ⑤
+39 339 4810 264

Als einer der ersten einschlägigen Treffs mit Berliner Flair in Mailand entwickelte sich die kleine Bar zur Ausgangsbasis der (äußerst friedlichen) schwulen »Kolonisierung« dieser Straßen, in denen früher besonders Eritreer lebten. Noch heute populär, die Betreiber sorgen dafür, dass sich jeder wohlfühlt.

122 **LECCOMILANO**
Via Lecco 5
Porta Venezia ⑤
+39 02 9163 9877
leccomilano.it

Der Name des Lokals (und auch der Straße) bedeutet »Ich lecke«, und die Atmosphäre an diesem netten kleinen Spot mit Cocktails aus Spirituosen und Bio-Produkten ist locker und respektlos. *Aperitivo* um 18 Uhr mit Spezialitäten für Vegetarier. Freitag und Samstag sind meist die besten Tage.

123 **TYPE**
Via Pietro Borsieri 34
Isola ⑩
+39 02 3653 4735

Der Name nimmt Bezug auf eine Schrifttype. Beliebt besonders zur Happy Hour, wo es ein gesundes, auch vegetarisches Büfett gibt, das man im Innenbereich oder auf der kleinen Außenterrasse genießen kann. Hier finden auch Präsentationen und Ausstellungen statt. Gay friendly.

124 **TROPICAL ISLAND**
NAHE DER BASTIONI DI PORTA VENEZIA
Porta Venezia ⑤
+39 02 2951 1599

Dieser angesagte »Chiringuito« direkt am Eingang zum Park an den Bastioni di Porta Venezia serviert Cocktails, darunter einen legendären »Moscow Mule«, mit verschiedenen kleinen Snacks zum *Aperitivo*. Tipp: Kommen Sie am Mittwoch oder Freitag zu den gay friendly »Chiringay«-Partys mit DJ-Sets.

125 **NOLOSO**
Via Luigi Varanini 5
NoLo ⑤
+39 331 4294 088

Ein mehrdeutiger Name: Die Bar liegt einerseits im kreativen Vorort NoLo (North of Loreto), und *non lo so* heißt auf Italienisch wörtlich »Das weiß ich nicht«. Ein bunter Ort, voll mit Büchern, selbst im Toilettenvorraum. Reichhaltiges vegetarisches Büfett zur Happy Hour, freitags/samstags DJ-Sets und am Sonntag Brunch.

121 MONO BAR MILANO

5 nette Plätze zum LESEN und KAFFEETRINKEN

126 **JOY BAR**
IN DER BIBLIOTECA VALVASSORI PERONI
Via Carlo Valvassori Peroni 56
Osten ⑥
+39 349 750 8744

Ein Buchhandlungscafé mit kulturellem Anspruch, das mitten im Stadtteil Lambrate liegt. Die hellen, luftigen Räume (einige davon auch open air) entwarfen Studenten des renommierten Architekten Stefano Boeri. Auf der überdachten Terrasse oder in der Sonne kann man schön lesen, und auch abends ist immer etwas los (insbesondere Kurse, Workshops oder Konzerte).

127 **INCIPIT23**
Via Casoretto 42
Nordosten ⑥
+39 378 302 9659
incipit23.cafe

Ein winziger Verlag, der unabhängige und originelle Stimmen fördert, die nur darauf warten, gehört zu werden. Stöbern Sie in den Regalen nach Ihrer nächsten Lektüre und genießen Sie ein Frühstück, leichtes Mittagessen oder einen Aperitivo mit Freunden. Die Mixologen an der Bar empfehlen Ihnen gerne tolle Cocktails oder geben Lesetipps.

128 RED FELTRINELLI

Corso Garibaldi 1
Brera, Corso Garibaldi ①

Das RED (*Read, Eat* und *Dream*), die fünfte Filiale der Feltrinelli-Buchhandelskette, eine Kombination aus Buchladen und Bar, belegt zwei Etagen (350 m²) in zwei renovierten Gebäuden aus dem frühen 20. Jahrhundert mit Plätzen für 80 Personen. Vom Balkon im oberen Geschoss, der aussieht wie die typischen *Case di righiera* (»Geländerhäuser«), blickt man hinunter auf Bar und Bistro im Erdgeschoss.

129 COLIBRÌ CAFFÈ LETTERARIO

Via Laghetto 9–11
Porta Romana ②
+39 02 7639 4899
colibrimilano.it

Das literarische Café in einer gemütlichen Ecke hinter der staatlichen Universität zieht besonders junges Publikum an. Für den *Aperitivo* am Abend bietet es einen hübschen Innenhof. Es gibt einen kostenlosen Büchertausch, oft finden Veranstaltungen und Livekonzerte statt. *Colibrì* (italienisch »Kolibri«) ist auch die Kontraktion der Begriffe »Kaffee« (engl. *coffee*) und »Bücher« (it. *libri*).

130 BOOKCITY

bookcitymilano.it

Während des »BookCity« Events finden erste Lesungen schon am Morgen bei einer Tasse Kaffee statt und setzen sich ohne Unterbrechung an verschiedensten Orten in der Stadt fort: in historischen oder stylish-modernen (und damit instagramtauglichen!) Cafés, aber auch in Parks (wenn die Sonne scheint), Bibliotheken, Museen oder Privathäusern. Dazu gibt es Workshops, Ausstellungen und natürlich Begegnungen mit Autoren.

5 Bars im Zentrum der MODEWELT

131 **ARMANI/ BAMBOO BAR**
Via Alessandro Manzoni 31
Brera, Corso Garibaldi ①
+39 02 8883 8888
armanihotelmilano.com

Die elegant-reduzierte »Armani/Bamboo Bar« in ihren warmen Tönen mit Möbeln in neutralen Farben eröffnet mit ihrem riesigen Fenster einen Blick weit über die Stadt. Ein kokonähnliches Umfeld, wo man (vor allem) an Chaostagen ein leichtes Mittagessen oder einen klassischen *Aperitivo* genießen kann. Bekannt ist die Bar für ihre tollen Cocktails.

132 **CERESIO 7**
Via Ceresio 7
Nordwesten ⑩
+39 02 3103 9221
ceresio7.com

Die vielleicht schönste Rooftop-Bar von Mailand – nicht wegen ihrer absoluten Höhe, sondern weil schon ein kleiner Sonnenstrahl genügt, um sich an der Dsquared2 Bar am Swimmingpool wie im Urlaub zu fühlen. Ein angesagter Ort für einen Drink oder zum Abendessen, noch schöner allerdings zur Mittagszeit, wenn man an klaren Tagen die Berge weit in der Ferne sehen kann.

133 **BULGARI HOTEL**

Via Privata Fratelli Gabba 7-B
Brera, Corso Garibaldi ①
+39 02 8058 051
bulgarihotels.com

Diese ruhige grüne Oase, geplant von der Landschaftsarchitektin Sophie Agata Ambroise, ist nicht nur Hotelgästen zugänglich. Neben einem Gemeinschaftsbereich findet man mehrere »Privaträume« zwischen den Bäumen und Sträuchern sowie einen Pavillon, wo man zu Abend essen kann. Niko Romito, ausgezeichnet mit drei Michelin-Sternen für sein Reale di Castel di Sangro in den Abruzzen, leitet das Hotelrestaurant.

134 **THE SMALL**

Via Niccolò Paganini 3
Nordosten ⑤
+39 02 2024 0943
thesmall.it

Das winzige Bistro ist eine wahre Wunderkammer, genau der richtige Ort, um Vintage- und modernere Wohnobjekte zu erstehen, wie klassische Statuen und rosa Flamingos, abgesteppte Sofas aus Samt oder Stühle im Stil der 1960er-Jahre. Eine Idee des Accessoire- und Handtaschendesigners Giancarlo Petriglia, der mit seiner Speisekarte der Küche seiner Heimatregion Apulien Tribut zollt.

135 **BAR MARTINI – DOLCE & GABBANA**

Corso Venezia 15
Duomo, San Babila ①
+39 02 7601 1154
dolcegabbana.it

In Zusammenarbeit zweier namhafter Marken entstand etwas verborgen am Corso Venezia diese Bar, erreichbar durch eine Galerie, mit Tischen in einem Innenhof und Interieur im typisch opulenten Stil des Modelabels. Die Küche mit Vorspeisen und Aperitifs zeigt sich in ihren Aromen von Sizilien inspiriert (woher die Modemacher stammen).

5

CO-WORKING SPACES
mit Café

136 **OTTO**
Via Paolo Sarpi 8
Quartiere Cinesi ⑩
sarpiotto.com

Ein Raum zur Pflege von Kontakten, den eine Gruppe Kreativer in Büroplätze verwandelte. Wenn Sie dort mit der Arbeit aufhören – mittags oder zum *Aperitivo* –, haben Sie meist das Gefühl, jeden hier ewig zu kennen. Man kann auch ein Glas Wein trinken, mit einem Wurstteller oder *quadrotti*, Sandwiches mit diversen Füllungen. Und am Wochenende gibt es Brunch.

137 **HUG**
Via Venini 83
NoLo ⑤
+39 389 848 5296
hugmilano.com

Der in einer ehemaligen Schokoladenfabrik eröffnete Co-Working Space ist höchst gefragt. Jeder hat zum Arbeiten einen eigenen abgetrennten Bereich, das Café-Bistro ist stets geöffnet: zum morgendlichen Frühstück und zur Kaffeepause bei selbst gebackenem Kuchen, bis es am Abend Zeit für einen Drink ist, das Licht gedimmt und Kerzen angezündet werden.

140 **TIPOGRAFIA ALIMENTARE**

138 COFFICE

Via Olona 11
Sant'Ambrogio ④
+39 02 9157 3021
cofficemilano.it

Ein junger, ungezwungener Ort, an dem man arbeiten, studieren, Freunde oder Klassenkameraden treffen kann. Man zahlt für einen Arbeitsplatz, an dem Kaffee, Tee, ein Büfett mit süßen und herzhaften Snacks, Drucker und schnelles WLAN zu Verfügung stehen. Perfekt (wenn Sie nicht gerade vorhaben, sich vom Kühlschrank fernzuhalten ...).

139 OPEN MILANO

Viale Monte Nero 6
Porta Romana ②
+39 02 8342 5610
openmilano.com

»Open Milano«, als einer der ersten Co-Working Spaces in Mailand eröffnet, ist eine Bibliothek (1000 m²) mit großen Fenstern, 20 m langem Gemeinschafts- und kleineren Tischen, Stühlen, Sesseln und Bücherregalen. Daneben gibt es eine Bar und eine breite Palette von Events.

140 TIPOGRAFIA ALIMENTARE

Via Dolomiti 1
Nordwesten ⑩
+39 02 8353 7868
tipografiaalimentare.it

Eine Journalistin und eine Absolventin der von der Fast-Food-Bewegung gegründeten Università di Scienze Gastronomiche in Pollenzo erfanden dieses neue Gastro-Format. Am Naviglio della Martesana gelegen und geöffnet vom Frühstück bis zum abendlichen *Aperitivo*, serviert es Mittagsgerichte aus exzellenten Produkten zu einem fairen Preis. Schnelles WLAN für die Kunden ist Standard.

5

angenehme Clubs, um MUSIK ZU HÖREN

141 **BLUE NOTE MILANO**
Via Pietro Borsieri 37
Isola ⑩
+39 02 6901 6888
bluenotemilano.com

Die trendige Mailänder Variante des gleichnamigen legendären New Yorker Clubs, deren schöner geräumiger Innenraum bei Jazzenthusiasten und nicht Eingeweihten gleichermaßen populär ist. Die Künstler stammen größtenteils aus den USA – auch prominente Namen sind dabei. Daneben gibt es immer wieder Abende mit aufstrebenden italienischen Talenten.

142 **SANTERIA SOCIAL CLUB**
Viale Toscana 31
Südosten ⑦
+39 02 2219 9381
santeria.milano.it

Dieses Clubprojekt, das in der Via Paladini 8 seinen Anfang nahm (als Bar, Restaurant und noch bestehender Co-Working Space), wird jetzt in einem ehemaligen Autohaus fortgeführt. Eine kreative, geräumige »Fabrik« (von etwa 1000 m^2), die sich besonders an junge Leute und Künstler wendet, mit einer großen Bar samt Küche, Theater und vor allem zahlreichen Räumen für Musik und Kunst.

143 SPIRIT DE MILAN

Via Bovisasca 57–59
Nordwesten ⑩
+39 366 721 5569
spiritdemilan.it

Das »Spirit de Milan«, ein Restaurant mit Livemusik, logiert in einer ehemaligen Glasfabrik außerhalb des Zentrums. Es ist ein schöner Ort, um das traditionelle Mailand zu erleben. Man hört hier immer wieder den typischen Dialekt, kann das Tanzbein schwingen und singen. Am Sonntagabend finden in der Bar auch Jazzkonzerte statt.

144 NEPENTHA CLUB

Piazza Armando Diaz 1
Duomo, San Babila ②
+39 02 804 837
nepenthaclub.com

Dieser Dinnerclub ist seit 1969 ein Hotspot des Nachtlebens und Anziehungspunkt für Berühmtheiten aus der Welt der Unterhaltung, Kunst und Musik. Der Club blieb über die Jahre am Puls der Zeit und ist wegen seiner DJ-Sets und Themenabende mit Künstlern, Tänzern und Schauspielern noch immer beliebter Szenetreffpunkt. Nur Gästeliste – zum Abendessen und danach. Eingeweihte meinen, Montag sei der beste Abend.

145 APOLLO MILANO

Via Giosuè Borsi 9
Navigli ⑨
+39 02 3826 0176
apollomilano.com

Hier trifft sich das Mailänder Publikum der unter 30-Jährigen und genießt die mediterrane Küche des Apuliers Gennaro Balice (der vorher unter Luigi Talenti im Lume Milano arbeitete), klassische und innovative Cocktails von Simone Sanna und großartige Musik. Laut Instagram-Posts der örtlichen Musikszene ist Freitag der beste Abend. *Bella lì* (»Schön dort!«), wie man in Mailand sagt.

40 ORTE ZUM SHOPPEN

5 *Adressen für schöne* BLUMEN

146 **FIORAIO BIANCHI CAFFÈ**
Via Montebello 7
Brera, Corso Garibaldi ①
+39 02 2901 4390
fioraiobianchicaffe.it

Mailands erster Blumenladen mit Bistro konnte sich bis heute viel von seinem Charme bewahren. Am Eingang gibt es eine Holztheke und mehrere Tische, um zum Frühstück Kaffee zu trinken, ein leichtes Mittagessen zu genießen oder sich später auf einen Drink zu treffen. Perfekt zu einem intimen Plausch, zwischen eleganten Blumenarrangements, umweht von feinen Blumendüften.

147 **POTAFIORI**
Via Salasco 17
Südosten ⑦
+39 02 8706 5930
potafiori.com
fiorirosalba.it

Inhaberin Rosalba Piccinni ist nach eigenen Angaben eine *cantafiorista* (»Singende Floristin«). Um einer ihrer größten Leidenschaften nachzugehen, eröffnete sie vor Jahren einen Blumenladen (»Fiori di Rosalba Piccinni«, Via Giuseppe Broggi 17). Später kam dieser Raum hinzu, in dem man zwischen Blumen und Grünpflanzen etwas trinken oder essen kann. Die Stimmung steigt, wenn sie zu singen anfängt.

148 FIORAIO BOLLETTINI

Via Massimo Gorki 2
Südwesten ⑨
+39 02 4233 020

Es sieht hier aus wie in einem Garten, umschlossen von Wänden, deren Farben sich mit denen der Blumen und kunstvollen Arrangements auf ganz natürliche, fast magische Weise verbinden. Wählen Sie passend für den Anlass unter kundiger Beratung einen Strauß, oder suchen Sie sich selbst etwas Besonderes nach Ihrem eigenen Geschmack aus.

149 W FIORI – WALTER VALENTE

Via Melzo 2
Porta Venezia ⑤
+39 02 3653 0346
wfiori.it

Wenn Sie Orchideen lieben, ist dies der richtige Ort für Sie. Der Laden von Walter Valente präsentiert raffinierte Kombinationen in einem winzigen Shop mit einem Schaufenster voll Vasen und Deko-Zubehör. Beliebt bei Redakteurinnen von Frauenmagazinen und in der Modewelt, die ihn gerne mit der Ausstattung von Events beauftragt.

150 BLUMENMARKT NAVIGLIO GRANDE

Associazione del Naviglio Grande
Navigli ⑨
+39 02 8940 9971
navigliogrande.mi.it

Vielleicht ist Ihnen aufgefallen, dass Mailänder Häuser oft über Terrassen verfügen, die von schönen Blumen überquellen. Gärtnern grenzt hier manchmal fast an Obsession, und auch Balkone und Gehwege werden gern bepflanzt. Im April und Oktober stellen über 200 Baumschulen aus ganz Italien ihre Produkte am Naviglio aus. Eine gute Gelegenheit zum »grünen« Shoppen – in einem Meer aus bunten Farben.

5 *traditionelle*

PAPETERIEN

151 **RIGADRITTO**
Via Brera 6
Brera, Corso Garibaldi ①
+39 02 8058 2936

Eine Top-Adresse für Papier und dessen »Derivate«, kombiniert mit vielen anderen Objekten, die Besitzerin Roberta Naj Oleari auf der ganzen Welt zusammenträgt: von Federmäppchen über Notizblöcke bis hin zu witzigen, außergewöhnlichen und verrückten Pop-up-Karten. So viel zum Thema Sortiment: In diesem farbenfrohen Laden lässt man sich nicht in Schablonen pressen.

152 **ANTICA CARTOLERIA NOVECENTO**
Piazza Risorgimento 3
Osten ⑥
+39 02 7600 6123

Dies ist eines von den zahlreichen historischen Geschäften Mailands, das in einem älteren Gebäude liegt. Der wunderschöne Schreibwarenladen, Ende des 19. Jahrhunderts (1899) eröffnet, ging bereits durch die Hände mehrere Familien von Schreibwarenhändlern. Seine originale Einrichtung hat sich erhalten: Eisenfenster und dunkle Holzmöbel verleihen dem Laden seinen ganz besonderen Charme.

153 PASINI 1922

Viale Tibaldi 3
Südwesten ⑨
+39 02 5810 0876
pasinicarta.it

Hier konzentriert man sich auf Materialien, die zum Binden von Büchern, Folio-Bänden oder Enzyklopädien benötigt werden. Ein beliebter Ort für Leute, die sich ihr eigenes Rezeptbuch, ein Foto- oder Sammelalbum von einem Profi binden lassen wollen – und ein Paradies für Papiere, Kartonagen und Schneidewerkzeuge.

154 PISOTTI

Alzaia Naviglio
Grande 98
Navigli ⑨
+39 02 8940 3348
pisotti.it

Mögen Sie edles Papier, antike oder klassische Grafikmuster mit der Florentiner Lilie? Oder lieber modernere Designs in den verschiedensten Farben und Größen? Dieser geräumige Laden ist beliebt bei Kalligrafie-Liebhabern oder kreativen Menschen, die gerne selbst besondere Karten herstellen oder Origami-Blätter falten.

155 FRATELLI BONVINI

Via Tagliamento 1
Südosten ⑦
+39 02 5392 151
bonvini1909.com

Der ehemalige Druckerei- und Schreibwarenladen vom Beginn des 19. Jahrhunderts wurde vor der Schließung gerettet und in früherem Glanz wiederhergestellt. Schubladen und Regale sind voll mit Bleistiften und anderen Schreibgeräten, Tintengläsern und Stempeln. Im »Atelier 1909« (Corso Lodi, gleich um die Ecke) werden handwerkliche Kurse zu Typografie, Drucktechniken, Schreiben und Zeichnen angeboten.

5 ganz besondere
BUCHLÄDEN

156 **STAMBERGA**
Via Melzo 3
Porta Venezia ⑤
+39 335 563 6433
stamberga.it

In einem höchst kreativen Viertel, versteckt im Innenhof eines Jugendstilgebäudes, setzt dieser Kunstraum mit unverputzten Backsteinwänden und Betonboden Bücher, (Kunst-)Objekte, Schmuck und Fotografien effektvoll in Szene – »Fixpunkt« ist eine Dauerausstellung von Arbeiten des Fotografen Marco Beretta. Der italienische Begriff *stamberga* für eine »Bretterbude« wird hier ganz offensichtlich mit Ironie verwendet, denn es ist eigentlich ein höchst angenehmer Ort, um sich zusammenzufinden und zu treffen.

157 **MAMU – MAGAZZINO MUSICA**
Via Soave 3
Südosten ⑦
+39 02 3668 6303
magazzinomusica.it

Hier findet man neue und gebrauchte Partituren, Bücher – besonders Belletristik und Sachbücher zu Musikthemen – und CDs. Und last but not least eine breite Auswahl an Musikinstrumenten. Das MAMU bietet auch häufig kulturelle Veranstaltungen, Meisterklassen oder Buchpräsentationen. Und fast immer ist Gelegenheit für eine Unterhaltung über klassische Musik.

158 LIBRERIA DELLO SPETTACOLO

Via Terraggio 11
Cairoli, Castello ③
+39 02 8645 1730
libreriadello spettacolo.it

Plakate und Fotos, Bücher zum Thema Kino, Theater, Musik und Tanz, Publikationen über die Entwicklung von Radio und TV bilden das Sortiment. Eine Wunderkammer, in der man unermüdlich in Skripten, Drehbüchern und Fachzeitschriften blättert oder den Geschichten der Eigentümerin Maria Cristina Spigaglia lauscht.

159 121+

Via Savona 17/5
Porta Genova ⑨
+39 02 3658 4119
corraini.com

Ein großer, heller Raum in einem Backsteinhaus, in dem Sie eine handverlesene Bücherpalette zu Architektur, Kunst, Grafik und Fotografie finden. »121+« gehört dem Verlag Corraini Edizioni, spezialisiert auf Themen aus dem Bereich Grafik und Design (vollständiger Katalog). Hier wird auch eine schöne Auswahl an Kinderbüchern angeboten, etwa von dem Gestalter Bruno Munari.

160 FONDAZIONE FELTRINELLI

Viale Pasubio 5
Nordwesten ⑩
+39 02 4958 341
fondazionefeltrinelli.it

Das moderne Feltrinelli-Hauptquartier, wegen seiner riesigen Fenster mit einer Kathedrale verglichen, steht auf einem Areal, das seit dem 19. Jahrhunderts in Familienbesitz befindet. Das Gebäude der Schweizer Herzog & de Meuron fügt sich perfekt in das städtische Ambiente. Genutzt als Archiv, Buchladen, Bar und Hauptsitz von Microsoft wurde es auf der Immobilienmesse »MIPIM 2018« ausgezeichnet als bestes Stadterneuerungsprojekt.

5 *Anlaufstellen für*
FAHRRAD-JUNKIES

161 **BICI & RADICI**
Via Nicola d'Apulia 2
NoLo ⑤
+39 02 8341 8589
bicieradici.com

Ein entzückender Laden an der Piazza Morpegno, an dem die Trambahnen vorbeirattern. Hier eröffneten Stefania und Marco einen Spot, an dem sich Pflanzen- und Fahrradliebhaber gleichermaßen wohlfühlen. Die Eigentümer teilen gerne allerlei Tipps und Tricks neben Anleitungen, die das Leben grüner machen. Hier kann man auch ein Fahrrad mieten, um zum Parco Trotter oder Parco della Martesana zu radeln.

162 **UPCYCLE MILANO BIKE CAFÉ**
Via Ampère 59
Osten ⑥
+39 02 8342 8268
upcyclecafe.it

Angeblich Italiens erstes Fahrrad-»Café Bistrot«. Doch egal, ob Tatsache oder Mythos, hier können Sie den ganzen Nachmittag studieren oder arbeiten und abends oft Livemusik genießen. Keine Sorge wegen der riesigen Portionen – die Kalorien können Sie gleich wieder abtrainieren, wenn sie stramm nach Hause radeln …

163 **ROSSIGNOLI**

163 ROSSIGNOLI

Corso Garibaldi 65–71
Brera, Corso Garibaldi ①
+39 02 8049 60
rossignoli.it

Hier werden seit über 100 Jahren Fahrräder hergestellt, in der Werkstatt repariert und – mit Rädern anderer bekannter Marken – verkauft. Der Laden, den dieselbe Familie, unterstützt durch kompetente Mitarbeiter, seit fünf Generationen betreibt, verströmt also den Atem der Geschichte. Und Piero wurde erst kürzlich von der Corriere della Sera mit dem Titel »Bester Händler Mailands« ausgezeichnet.

164 LA STAZIONE DELLE BICICLETTE

Corso Lodi 66
Südosten ⑦
+39 02 5560 3730
lastazionedelle biciclette.com

Eine weitere Adresse für alle, die ein von Hand gefertigtes, maßgeschneidertes Fahrrad suchen, das voll und ganz Geschmack und Bedürfnisse seines Fahrers spiegelt. Sagen Sie den jungen Besitzern einfach genau, was Sie sich vorstellen: je nachdem, was Sie benötigen, ein perfektes Rad für die Stadt, für eine Fahrt zum Meer oder in die Berge.

165 LA CICLISTICA MILANO

Via Pellizza da Volpedo 12
Westen ⑧
+39 02 3655 0328
laciclisticamilano.it

Zwei Freunde hatten die Idee zu dem Projekt, als das Fahrradfahren wieder in Mode kam: Radwege wurden eröffnet, und Fahrräder und Genossenschaften waren plötzlich sehr gefragt. Auch eine handgefertigte Kollektion von Rädern »Made in Italy« übernahm man erst kürzlich in das Sortiment. Die Fahrräder sind schön, solide und erschwinglich und werden mit unbeschränkter Garantie geliefert.

5 *bewährte Quellen für*
TEXTILIEN

166 **BONATI & BENEGGI**
Via Enrico Toti 4
Sant'Ambrogio ④
+39 02 8646 4537
bonatiebeneggi.it

Seit über 80 Jahren wendet man sich in Mailand für Stoffe und Möbel an dieses Familienunternehmen. Sein Gründer Alberto Riva importierte führende amerikanische und britische Marken. Bis heute bieten Bonati & Beneggi eine geschmackvolle Auswahl an Möbelstoffen und Tapeten. Ihr exquisiter Showroom eignet sich hervorragend als Inspirationsquelle für die Umgestaltung des eigenen Zuhauses.

167 **SILVA**
Via Olona 25
Sant'Ambrogio ④
+39 02 8940 0788
silvatessuti.it

Augenblicklich sind Palmenmotive angesagt, zuvor stand man eher auf optische Muster. Wer weiß, was die Zukunft bringt? Die grafischen Designs für Vorhänge, Kissen und Sofas prägen und folgen Trends. Hier werden italienische und europäische Textilmarken verkauft, neben einigen amerikanischen Labels. Daneben gibt es auch Tapeten.

168 **TESSUTI E SCAMPOLI**
Via Lario 14
Isola ⑩
+39 02 6886 493
tessutiescampoli.it

Kommen Sie am besten früh in diesen zweistöckigen Laden, der eine Riesenauswahl an Stoffen, Stoffresten und Kurzwaren anbietet – Knöpfe, Reißverschlüsse, Pailletten, Federn aller Art und Farben. Auch eine Fundgrube für Designstudierende, die sich gern hier aufhalten, um zu sehen, was es Neues gibt. Wer allerdings Bedienung benötigt, muss oft etwas Geduld mitbringen.

169 **LISA CORTI TESSUTI**
Via Lecco 2
Porta Venezia ⑤
+39 02 2024 1483
lisacorti.com

Kräftige Farben, wohin man schaut. Von Stoffen als Meterware bis hin zu Kissen, Vorhängen und Sofabezügen für das Wohnzimmer, aber auch alles, was man braucht, um Küche oder Esszimmer aufzuwerten bzw. dem Schlaf- oder Kinderzimmer Charakter zu verleihen. Daneben bietet der Laden eine hübsche Auswahl an Kleidern, Kaftans, Kurtas und Tüchern in leuchtenden Farben und Mustern.

170 **NEW TESS**
Via Montevideo 9
Porta Genova ⑨
+39 02 6949 0329
shop.newtess.com/en

Während Sie sich hier umschauen, begegnen Sie jungen Stylisten aus den Modeschulen, Schneiderinnen oder »normalen« Frauen, die in der riesigen Palette von Stoffen nach ihrem persönlichen Design für ein maßgeschneidertes Kleidungsstück suchen. Das Outlet der Luxusmarke Como Clerici Tessuto, weltberühmt für edle Stoffe. Öffnungszeiten finden Sie auf der Website.

5 *interessante Orte für*
UNIKATE

171 MV% CERAMICS DESIGN
Alzaia Naviglio Grande 156
Navigli ⑨
+39 02 4771 0256
mv-ceramicsdesign.it

Wolken, Tropfen, Sterne, Blumen, aber auch Tassen, Teller und Briefe, alles handgefertigt aus Keramik, zum Aufhängen in Küche, Wohn- oder Kinderzimmer. Willkommen in der Welt von Mariavera Chiari, die die erwähnten Objekte in ihrem Laden am Naviglio mit einer schönen Glyzinie am Eingang zum Verkauf anbietet. Es gibt auch einen Onlineshop.

172 FORNASETTI
Corso Venezia 21-A
Porta Venezia ①
+39 02 8416 1374
fornasetti.com

Eklektisch und optimistisch wirken die Entwürfe des Firmengründers Pietro Fornasetti, dessen Keramiken mit weiblichen Gesichtern mysteriös aus dem Schaufenster lächeln. Wenn Sie durch die einzelnen Räume schlendern, können Sie die Geschichte der Marke Revue passieren lassen. Und wenn Sie Opern lieben, kaufen Sie vielleicht die Don-Giovanni-CD in Fornasettis höchst individueller Version.

171 MV% CERAMICS DESIGN

173 FORNACE CURTI

Via Tobagi 8
Südwesten ⑨
+39 02 8135 049
fornacecurti.it

Ein kleines Dorf von seltenem Charme mit alten Häusern und Pflanzen, Werkstätten und Brennöfen – und 20 Ateliers von Künstlern, Malern und Fotografen. Die Geschichte begann im 15. Jahrhundert, als die Terrakottahandwerker erstmals Töpferwaren aus dem tiefroten Ton der Po-Ebene herstellten. Öffnungszeiten und einen Katalog finden Sie auf der Website.

174 ALGRANTI LAB

Via Guglielmo Pepe 20–28
Isola ⑩
+39 349 318 8432
algrantilab.it

Hier erhalten recycelte Objekte ein neues Leben, werden zu Möbelstücken, die die Geschichte von Holz, Eisen, Aluminium, Terrakotta und Kupfer neu beleuchten. Letzteres stammt von Dächern, Regenrinnen oder Abdeckblechen. Das heute von Pietro Algranti geleitete Labor wurde 1997 von Costanza Algranti gegründet. Geöffnet 10–13 und 15–19 Uhr, samstags nach Vereinbarung.

175 LABORATORIO PARAVICINI

Via Nerino 8
5vie ②
+39 02 7202 1006
paravicini.it

In einem Innenhof im historischen Zentrum versteckt sich eine über 20 Jahre alte Wunderkammer voll feiner Keramik mit handgefertigtem Dekor nach Druckvorlagen. Die Designs von Tellern und Geschirr sind klassisch inspiriert, traumhaft und exotisch – ob Schlangen, Jongleure und Heißluftballons oder Motive nach eigener Vorstellung. Benedetta und Margherita, die Töchter Costanza Paravicinis, stehen für handwerkliche Qualität und modernen Stil der Werkstatt.

5 *wunderbare*
BEAUTY SHOPS

176 **MADAME MIRANDA**
madamemiranda.com

Ein Haar- und Beauty-Service »on demand«, den man zwischen 6 und 23 Uhr buchen kann. Sie benötigen eine blitzschnelle Maniküre, eine Rundumerneuerung vor einem Geschäftstermin oder eine entspannende Massage nach einem langen Shoppingtag? Professionelle Hilfe kommt mit allem, was dafür nötig ist, zu Ihnen nach Hause. Sogar für eine Beauty-Party!

177 **BAHAMA MAMA**
Viale Col di Lana 1
Südosten ⑦
+39 02 8940 4538
bahamamama.it

Ein Nagelstudio und Entspannungsort, dessen Name Bezug nimmt auf einen Nagellack und Cocktail, mit gemütlichem Interieur in gedeckten Farben. Die Mitarbeiter verwenden ausschließlich natürliche Produkte für die Mani- und Pediküre. Und falls Sie Lust auf Shopping haben, gibt es auch eine Kleiderecke.

178 BELLAVERA

Piazza Buonarroti 32
Westen ⑧
+30 02 4398 6566
bellavera.it

Eine Schönheitsspezialistin, die einem unverblümt die Wahrheit sagt. Eine »Zynische Kosmetikerin« und beliebte Bloggerin in Mailand (*estetistacinica.it*) – ein echter Star in der Welt der Online-Schönheit. »BellaVera« ist ihr Wellness-Salon, wo man Spezialbehandlungen buchen kann. Versuchen Sie erst gar nicht, sie zu beeinflussen, wenn Sie dort sind, denn alle lieben sie genauso, wie sie ist.

179 MY PLACE HAIR STUDIO

Via Panizza 4
Westen ⑧
+39 02 3675 3350
myplacehairstudio.com

Hier werden zum größten Teil natürliche, organische Produkte verwendet: Henna-Haarfarben in Kombination mit organischen Pigmenten und restrukturierende Öle für die Gesundheit von Haar und Kopfhaut. Im Salon des Hairstylisten Tommaso Incamicia fühlt man sich wie zu Hause wegen seiner intimen Atmosphäre, und weil immer ein Kräutertee bereitsteht.

180 KULT MILANO

Corso San Gottardo 3
Südwesten ⑨
+39 02 3656 5508
kultmilano.com

Nach seinem Umzug an einen verborgenen Ort in einem Innenhof der Altstadt hat sich dieser Laden im Wesentlichen nicht verändert: Friseure im Vintage-Stil, bekannt für ihre »verrückten« Haarfarben – und ein Tattoo Studio. Jeden Monat sind hier verschiedene Künstler zu Gast, um neue Ideen zu entwickeln und eine noch größere Auswahl an Looks anzubieten.

5 *luxuriöse*
KAUFHÄUSER

181 **BRIAN & BARRY**
Via Durini 28
Duomo, San Babila ②
+39 02 9285 3547
brianebarry.it

Das »Boutique-Kaufhaus« (so die Eigenbezeichnung) logiert in einem Gebäude des Architekten Giovanni Muzio aus den 1950er-Jahren. Das zentral gelegene Geschäft bietet zwölf Etagen zum Einkaufen und eine faszinierende Ecke, die der Uhrmacherkunst gewidmet ist. Das Flair von Eleganz, für das man hier bekannt ist, spiegelt auch die Küche des Dachrestaurants »Asola«, wo Küchenchef Matteo Torretta das Zepter schwingt.

182 **RINASCENTE**
Piazza Duomo
Duomo, San Babila ②
+39 02 9138 7388
rinascente.it

Der Dichter Gabriele d'Annunzio prägte 1917 den Namen dieses Kaufhauses, mit der Werbung wurde der Grafiker Marcello Dudovich beauftragt und Giò Ponti mit dem Entwurf des modernen Interieurs. Leicht zu verstehen, weshalb das Haus beim Großbürgertum so beliebt wurde, verkaufte es doch geschmackvolle Objekte und bot so immer wieder Gelegenheit zur Erneuerung. Rinascente überdauerte die Zeiten bis ins 21. Jahrhundert stärker als je zuvor.

183 **COIN**
Piazza Cinque Giornate 1-A
Osten ⑥
+39 02 5519 2083
coin.it

Die Unternehmensgeschichte begann 1916 mit einer Straßenhändlerlizenz in der Provinz Venedig und wuchs sich in der Nachkriegszeit zu einem der größten italienischen Kaufhäuser aus. Seit den 1960er-Jahren gibt es die Niederlassung in Mailand, zehn Etagen in Glas und Metall. Als »Schaufenster« verkauft man bis heute Waren »Made in Italy« und Kollektionen junger kreativer Designer.

184 **HIGHTECH**
Piazza Venticinque Aprile 12
Nordwesten ⑩
+39 02 624 1101
cargomilano.it

Mailänder lieben diesen Laden am eleganten Corso Como. Ein wahres Labyrinth, in dem man alles finden kann von Einrichtungsobjekten, Stoffen und Leuchten bis hin zu kleinen Möbelstücken und Küchenutensilien – neben einer Auswahl an Kleidungsstücken. Passen Sie auf, dass Sie sich in den zahlreichen Räumen und Etagen nicht verlaufen.

185 **CITYLIFE SHOPPING DISTRICT**
Piazza Tre Torri
Westen ⑧
+39 02 4349 5911
citylifeshoppingdistrict.it

Der jüngste Stadtteil Mailands in der Nähe der CityLife-Wolkenkratzer wurde von Zaha Hadid entworfen. Im Inneren kann man sehen, wie gekonnt sie hier Materialien wie Bambus für eines der größten, modernsten Einkaufsviertel Europas verwendete, mit hundert Geschäften auf drei Etagen. Zielgruppe ist eine Klientel der oberen Mittelklasse.

215 ROSSANA ORLANDI

55 ORTE FÜR MODE & DESIGN

5 tolle Adressen mit

VINTAGE-ANGEBOT

186 **CAVALLI E NASTRI**
Via Brera 2
Brera, Corso Garibaldi ①
+39 02 7200 0449
cavallienastri.com

Stylisten finden hier für Foto-Shootings immer das passende Outfit in einem der ersten Vintage-Läden Mailands mit einer Kombination aus Sammlerstücken – wie Chanel-Schmuck oder Original-Borsalinohüten aus den 1950ern – und kleinen Möbeln. Weitere Standorte auf der Website.

187 **MADAME PAULINE VINTAGE**
Foro Buonaparte 74
Cairoli, Castello ③
+39 02 4943 1201
madamepaulinevintage.it

Das Lädchen im Castello-Viertel ist eine Wunderkammer, in der man sich verlieren kann zwischen wunderbaren Accessoires und Mode von Hèrmes, Chanel oder Prada – und im Gespräch mit der Betreiberin, die ihre Objekte mit Sorgfalt und Liebe präsentiert. Schon ein glamouröses Detail kann oft ein Outfit unvergesslich machen.

188 **VINTAGE DELIRIUM**
Via Giuseppe Sacchi 3
Brera, Corso Garibaldi ①
+39 02 8646 2076
vintagedelirium.it

Franco Jacassi kombiniert in seinem Laden Expertise aus der Kunstszene mit Sammelleidenschaft und Passion für Mode. Er verkauft Designerkleidung (Vionnet, Schiaparelli, Pucci oder YSL) und Accessoires neben antiken Stoffen, Spitzen und Knöpfen aus seiner großartigen Sammlung.

189 HUMANA

Via Cappellari 3
Duomo, San Babila ②
+39 02 7208 0606
humanavintage.it

Trendiger als andere Standorte in Europa, also typisch Mailand! Und beliebtes Jagdrevier für Moderedakteure. Sie finden hier originale Mode und Accessoires aus den 1960er/70er-Jahren, die jeden Look perfekt abrunden. Der Erlös fließt in Projekte der Entwicklungshilfe.

190 EAST MARKET

Via Mecenate 88
Südosten ⑦
+39 392 043 0853
eastmarketmilano.com

Ein Markt im Londoner Stil mit Mailänder Einschlag in einem ehemaligen Industriegebiet, wo Secondhand- und handgefertigte Kleidung sowie Accessoires verkauft werden. Auch reichlich Antiquitäten, Musik und Bücher – und Kulinarisches an Imbisswägen. Unregelmäßige Öffnungszeiten (siehe Website).

190 EAST MARKET

5 Anlaufstellen für JUNGE DESIGNER

191 **BIFFI BOUTIQUES**
Corso Genova 6
Sant'Ambrogio ④
+39 02 8311 6052
biffi.com

Insider der Modebranche kennen natürlich Rosy Biffi, Trendsetterin von internationalem Format, die seit den 1960er-Jahren mit untrüglichem Instinkt kommende Trends und vielversprechende Jungdesigner aufspürt und ihren treuen Kundinnen und Kunden so über Jahrzehnte von den Miniröcken Mary Quants bis hin zu den Kreationen Stella McCartneys aktuelle Mode anbietet.

192 **WAIT AND SEE**
Via Santa Marta 14
5vie ②
+39 02 7208 0195
waitandsee.it

Wenn Sie das in den Straßen der Altstadt verborgene Geschäft gefunden haben, können Sie dem Ausbruch an Kreativität und Farben, die Sie dort dort erwarten, sicher kaum widerstehen. Ein einladender Multi Brand Store in einem ehemaligen Kloster des 18. Jahrhunderts, in dem Sie nach Lust und Laune stöbern können. Große Auswahl an Kleidung, Accessoires und Schmuck, vieles davon secondhand.

193 ANTONIA MILANO
IM PALAZZO CAGNOLA

Via Cusani 5
Brera, Corso Garibaldi ①
+39 02 8699 8340
antonia.it

Der Name Antonia Giacintis gilt als Synonym einer feinen Auswahl aktueller, teils experimenteller Modemarken. Ihr Laden residiert im Palazzo Cagnola aus dem 19. Jahrhundert, der von Architekt Vincenzo de Cotiis behutsam renoviert wurde. Auf über 600 m² mit viel Marmor, weichen Stoffen und Plexiglas findet man hier die angesagtesten Kleidungsstücke. Auch für Herren.

194 SLAM JAM

Via Giovanni Lanza 1
Cairoli, Castello ③
+39 02 8909 3965
slamjam.com

Ein Sehnsuchtsort für Streetwear-Fans. Das Unternehmen aus Ferrara eröffnete vor Kurzem diesen Shop, der bequeme »Street-Style«-Klamotten mit Musik, Kunst und Lifestyle-Produkten als umfassendes Erlebnis anbietet. Marken wie Undercover, Fear of God, Visvim sowie Sneakers in limitierter Auflage.

195 WOK STORE

Col di Lana 5-A
Südosten ⑦
+39 02 3656 8742
wok-store.com

Das kosmopolitische Unternehmen vertreibt verschiedene Marken, darunter ausgefallene Stücke aus der ganzen Welt. Man bemüht sich dabei nach Kräften – höchst erfolgreich –, originell und ausgefallen zu sein. Interessante Herren- und Unterhaltungsabteilung, die auch häufig DJ-Sets im Laden bietet. Ganz sicher nicht für jedermann, was auch für die Preise gilt. Auch online verfügbar.

5 interessante Shops
FÜR DAMEN

196 **TANTRIKA SHOP**
Via Antonio Pollaiuolo 2
Isola ⑩
+39 699 003 22

»Tantrika« trägt die Handschrift Cristina Veroneses, die eine kleine Werkstatt im Bezirk Isola in ihr individuelles Reich verwandelte, bekannt für Kleidung und Farben, die natürlich und sorgfältig ausgewählt sind, sowie eine kleine Schmuckkollektion. Auch die Preise sind nicht überzogen.

197 MEMÈM VIA SAVONA

197 **MEMÈM VIA SAVONA**

Via Savona 1
Porta Genova ⑨
+39 02 3675 3846

Um sich über das Sortiment zu informieren, bevor Sie sich auf den Weg ins Tortona-Viertel machen, nutzen Sie Instagram (*@mememviasavona*). Ein virtuelles Schaufenster individueller Vorlieben der Betreiberin mit französischem Charme (und vielem aus Frankreich).

198 **LAURA URBINATI**

Viale Col di Lana 8, 2° cortile
Südosten ⑦
+39 02 8372 573
lauraurbinati.com

Bekannt für Bademode, die auch an Normalsterblichen gut aussieht. Kleidung passend für jeden Körpertyp, dank fachmännischer Stilberatung. Laura Urbinati stammt aus Rom, ihre Entwürfe sind schlicht gehalten, alles wird in Italien produziert.

199 **RAPA STORE MILANO**

Via Pastrengo 5-A
Isola ⑩
+39 02 2316 7868
www.rapa-store.com

Weich, bequem und farbenfroh – der Stil der kleinen Boutique von Paola und Sara im Stadtteil Isola ist typisch italienisch. Treten sie ein (nach einem Blick ins Fenster) und lassen Sie sich von den lässig-schicken Kleidungsstücken in bunten Farben verführen. Praktisch, schön und alltagstauglich. Angenehm zu tragen (auch für Kinder).

200 **MARIZA TASSY**

Via Molino delle Armi 45
Ticinese ②
+39 02 8941 5364
marizatassy.it

Die Besitzerinnen mit ausgezeichnetem Geschmack, Lella und Paola Rigante, benannten den Laden nach ihrer französisch-türkischen Großmutter, die Anfang des 20. Jahrhunderts Mode für vornehme Damen in Istanbul entwarf. Ein winziger Multi Brand Store mit Entwürfen talentierter Designer aus der ganzen Welt.

5 *empfehlenswerte Läden*
FÜR HERREN

201 **CIVICONOVE**
Via Bartolomeo Eustachi 33
Porta Venezia ⑤
+39 02 8407 0913
civiconove.com

Paolo Simonetta und Luca Lazzaro betreiben diesen Laden für Mode und Kunst mit großer Leidenschaft für alles, was modern ist. Er ist heute einer der interessantesten Orte, um neue Marken und Designer zu entdecken, die die Eigentümer weltwei aufspüren. Nicht nur Kleidung (für Herren und Damen!), auch Accessoires, Taschen, Schuhe und Parfüms auf kleinstem Raum, wo nichts dem Zufall überlassen bleibt.

202 **GALLO**
Via Manzoni 16
Duomo, San Babila ①
+39 02 783 602
gallo1927.com

Die legendären bunten Socken (*calze*) aus hochwertigen Garnen – mit Streifen, Karos oder Punkten – sind selbst in einem Meeting tragbar. Lassen Sie sie also ruhig zwischen Hose und Abendschuhen hervorblitzen, wenn Sie die Beine überschlagen. Auch ein Muss fürs Wochenende, dann dürfen ihre Muster noch lustiger und verspielter ausfallen.

203 GENIALI MILANO

Via Vincenzo Monti/
Via Aurelio Saffi 7
Cairoli, Castello ③
+39 02 462 606
genialimilano.com

Der Multi Brand Store für Herrenmode in klassisch-sportivem Stil, der Topmarken italienischer Provenienz vereint – Ernesto, Lardini oder Settefili Cashmere –, bietet auch einen Service für Maßanfertigung. Büroanzüge und warme Pullover fürs Wochenende, aber auch farbenfrohe Schals und raffinierte Accessoires. Und dazu eine kleine Auswahl edlen Schuhwerks.

204 BOGLIOLI

Via San Pietro
all'Orto 17
Duomo, San Babila ①
+39 02 7639 4051
boglioli.it

Dieses anspruchsvolle Geschäft in einer der elegantesten Gegenden von Mailand verkauft die exquisiten Textilien des gleichnamigen lombardischen Familienunternehmens. Boglioli, der als gelernter Vertreter klassischer Schneiderkunst feine Stoffe verarbeitete, konnte den Familiennamen schon bald als Qualitätsmarke etablieren.

205 MUTINELLI CAPPELLI

Corso Buenos Aires 5
Porta Venezia ⑤
+39 02 2952 3594
*mutinellicappelli
milano.com*

Laut Schild »gegründet 1888«, besitzt der Laden in seinem Innern noch die originalen Böden, Holzregale und Eisenverstrebungen. Zwar werden auch Hosenträger und Spazierstöcke verkauft, doch seinen eigentlichen Markenkern bilden Hüte (*cappelli*) in einer unendlichen Vielfalt an Formen und Größen, darunter alteingesessene italienische Marken.

5 schöne Geschäfte für ACCESSOIRES

206 **PORSELLI**
Piazza P. Ferrari 6
Duomo, San Babila ①
+39 02 8053 759
porselli.it

Mailänder Frauen lieben sie, ihre Partner weniger – die flachen Ballerinas, ursprünglich für Ballett-Tänzerinnen entworfen, entwickelten sich bald zu beliebten Straßenschuhen. Die 1919 von Eugenio Porselli begründete Mailänder Marke, die sie bis heute produziert, ist noch immer der Hit. Neue Ware gibt es immer mittwochs.

206 **PORSELLI**

207 LE SOLFERINE

Via Solferino 2
Brera, Corso Garibaldi ①
+39 02 6555 352
lesolferine.com

Eine weitere Mailänder Ikone, gegründet Ende der 1990er-Jahre, lässt dieses Label von Handwerkern aus Italien originelle Schuhe in schlichtem Design aus hochwertigem italienischem Leder fertigen. Ein Ableger ist das »Le Vintage« im Viertel Isola (Via Garigliano 4).

208 LES AMIS CALZATURE

Corso Garibaldi 127
Brera, Corso Garibaldi ①
+39 02 6530 61
lesamiscalzature.wixsite.com/lesamiscalzature

Das winzige Lädchen für Schuhsüchtige präsentiert im Schaufenster in Italien von Hand gefertigte Schuhe: hochelegante Sandalen, Stilettos oder Biker Boots. Hier finden Sie die neuesten Modetrends – vergessen Sie nicht Ihre Kreditkarte.

209 SEX SADE

Via Felice Casati 8
Porta Venezia ⑤
+39 02 2953 7299
sex-sade.it

Erotikshop für Frauen: Lust, Vergnügen und spielerische Verführung mit einem Hauch von Ironie. Dessous, Korsetts und Kleidung für Rollenspiele – darunter ein Krankenschwestern-Outfit –, Latex- und Vinyl-Kleidung, Pumps und Stiefel. Nichts Vulgäres, nicht einmal das Sexspielzeug.

210 MERCATO SETTIMANALE

Via Giovanni Batista Fauchè
Westen ⑧

Via San Marco
Brera, Corso Garibaldi ③

Open-Air-Märkte wie diese sind bei den Mailänderinnen immer populär. Hier finden Sie Stände mit Kaschmir von Forte dei Marmi oder mit Designerschuhen. Hoffentlich gibt es die passende Größe! Via Fauchè: Dienstag 7:30–14, Samstag bis 18 Uhr. Via San Marco: Montag und Dienstag 7:30–14 Uhr.

5 beliebte
CONCEPT STORES

211 **MODES**
Piazza Risorgimento 8
Osten ⑥
+39 02 4549 7839
modes.com

400 m² Fläche, entworfen von Andrea Caputo, mit variablem Grundriss und »grenzenlosem« Blick auf Mode – neben Kleidung auch Schmuck, Parfüms und Blumen … Ein Ort der Reflexion, wo ein »literarischer Salon« entstand.

212 **NONOSTANTE MARRAS**
Via Cola di Rienzo 8
Südwesten ⑨
+39 02 8907 5002
antoniomarras.com

Dieser Concept Store in einer Werkstatt versteckt sich in einem blumengeschmückten Innenhof. Ein traumhafter Raum mit Kunstgalerie und Besprechungsraum mit antikem Mobiliar und großen Kronleuchtern. Im Zentrum steht Kleidung aus besonderen Stoffen, umgeben von Blumen, Büchern und Kunstwerken.

213 **SIX GALLERY**
Via Scaldasole 7
Sant'Ambrogio ④
+39 02 4548 9540
six-gallery.com

Verborgen in einem Innenhof findet man ein Studio für Landschaftsarchitektur und eines für Design mit Möbeln von Anfang des 20. Jahrhunderts bis in die 1970er. Das »Bistro Sixième« besitzt mehrere Tische und eine große Cocktailbar. Das 2020 eröffnete »Sister Hotel« wurde vom Unternehmer Mauro Orlandelli, dem Gründer von Six Project, entworfen.

214 GARAGE ITALIA

Viale Certosa 86
Nordwesten ⑩
+39 02 3343 1857
+39 02 2222 0307
(Restaurant)
garage-italia.com

Eröffnet von Lapo Elkann, Spross der Fiat-Agnelli-Dynastie, gestaltet dieser schicke Ort Transportmittel jeder Art um: Vespas, Geländefahrzeuge, sogar Helikopter! Passend untergebracht im »Raumschiff« einer ehemaligen Agip-Tankstelle im Art-déco-Stil, die ENI-Manager Enrico Mattei in Auftrag gab. Das Gebäude wurde restauriert und verfügt auch über Cocktailbar und Restaurant.

215 ROSSANA ORLANDI

Via Matteo
Bandello 14–16
Sant'Ambrogio ④
+39 02 4674 471
rossanaorlandi.com

Rossana Orlandi eröffnete ihre kreative Galerie für Kunst und Design in einer ehemaligen Krawattenfabrik, die mit unzähligen Schubladen den originellen Rahmen ihres Showroom bildet. Empfehlenswert ist auch das »BistRo«, für das sie sich mit dem Restaurant »Il luogo di Aimo e Nadia« *(aimoenadia.com)* zusammentat.

213 SIX GALLERY

5 *besuchenswerte*
GALERIEN FÜR DESIGN

216 **GALLERIA LUISA DELLE PIANE**
Via Giusti 24
Quartiere Cinesi ⑩
+39 02 3319 680
gallerialuisadellepiane.it

Die elegante, in der Branche gut vernetzte Mailänder Galeristin Luisa Delle Piane beschäftigt sich seit den 1970er-Jahren bis heute intensiv mit dekorativer Kunst des 20. Jahrhunderts. Als aufmerksame Interpretin des kulturellen Wandels organisiert sie interessante Ausstellungen und Installationen, verkauft Designerstücke und selbst entworfene, exklusive Möbel.

217 **GALLERIA CLIO CALVI RUDY VOLPI**
Via Pontaccio 17
Brera, Corso Garibaldi ①
+39 02 8691 5009
cliocalvirudyvolpi.it

Eine Adresse, die Sie sich für die Reise unbedingt merken sollten. Diese Galerie von Clio Calvi und Rudy Volpy zeigt Arbeiten von Künstlern wie Andrea Branzi, Haruka Fujita, Harush Shlomo und Nicoletta Morozzi – künstlerische Objekte mit einer frischen, nie langweiligen Perspektive. Die Ausstellungen der beiden gehören zu den beliebtesten in Mailand.

219 RAW

218 **GALLERIA ANNA MARIA CONSADORI**
Via Brera 2
Brera, Corso Garibaldi ①
+39 02 7202 1767
galleriaconsadori.com

Keramik, Leuchten und Einrichtungsgegenstände von den Designern Giò Ponti, Ignazio Gardella oder Enzo Mari zusammen mit zeitgenössischen Gemälden und Skulpturen, ausgewählt von der Architektin Anna Maria Consadori, Tochter des Malers Silvio Consadori. Ihre Galerie liegt im traditionellen Künstlerviertel Brera.

219 **RAW**
Via Palermo 1
Brera, Corso Garibaldi ①
+39 02 8494 7990
rawmilano.it

Eine wahre Wunderkammer, in der – dank jahrzehntelanger Leidenschaft ihres Besitzers Paolo Badesco – ungewöhnliche Objekte unterschiedlicher Herkunft und Entstehungszeit präsentiert werden. Hier finden Kunden Unterstützung, die ihren Häusern einen raffinierten und poetischen Touch verleihen möchten. In der Filiale am Corso Magenta 10 finden Sie weitere Vintage-Objekte – und eine Bar.

220 **DILMOS**
Piazza San Marco 1
Brera, Corso Garibaldi ①
+39 02 2900 2437
dilmos.it

Die kultigsten Objekte und moderne Möbelstücke präsentiert diese Galerie aus den 1980er-Jahren. Die Auswahl erfolgt nach ihrem kommunikativen Wert, aber auch nach ihrer Funktionalität. Hier spricht man viele Sprachen, versteht sich gegenseitig und das Publikum. Die Schaufenster des markanten Ausstellungsraums öffnen sich auf die Via Solferino.

5 Läden für
DESIGN-ARTIKEL

221 **MORONI GOMMA**
Corso Garibaldi 2
Brera, Corso Garibaldi ①
+39 02 796 220
moronigomma.it

Moroni Gomma ist ein historisches Mailänder Geschäft, dem man sein Alter wirklich nicht ansieht. Die dort angebotenen Objekte sind immer originell, setzen die neuesten Trends im Haushalts-, Garten- und Büro-Design gekonnt in Szene. Man erhält hier auch einige kleine interessante Geschenkartikel sowie schlichte Möbel im oberen Geschoss.

222 **KITCHEN MILANO**
Via Edmondo de Amicis 45
Sant'Ambrogio ④
+39 02 5810 2849
kitchenmilano.it

Objekte für die anspruchsvolle Küche, Zutaten und Bücher bilden das Kerngeschäft der Firma »Kitchen Milano«, die sich auf Küchengerät mit innovativem Design und inspirierende Kochbücher spezialisiert hat. Kitchen Milano bietet auch sehr angesagte Koch- und Cocktailkurse an.

223 **FUNKY TABLE**

Via Santa Marta 19
5vie ②
+39 02 3674 8619
funkytable.it

Eines der kurzweiligsten Schaufenster der Stadt ist voll mit Objekten, auf einem großen Tisch platziert oder im Laden selbst verteilt. Treten Sie ein und schauen Sie sich gründlich um, das tolle Sortiment scheint einfach grenzenlos zu sein! Die junge Marke trifft ihre Auswahl unter »Ideen, Traditionellem und Handwerk« aus ganz Italien und anderen Ländern – meist humorvoll und spielerisch.

224 **MAGAZZINO76**

Viale Padova 76
NoLo ⑤
+39 349 700 9798
magazzino76.it

Antiquitäten und moderne Designobjekte werden im »SpazioStudio78«, der Schreinerwerkstatt dieses Warenhauses, zu neuem Leben erweckt, um dann ausgestellt und an Liebhaber verkauft zu werden, die auf der Suche sind nach italienischen und internationalen Designermöbeln vom Beginn des 20. Jahrhunderts bis in die 1980er-Jahre. Alles sind sorgfältig restaurierte Unikate.

225 **100FA**

Viale Col di Lana 8
Südosten ⑦
+39 02 8426 9136
100fa.it

Ein guter Rat: Verlieben Sie sich nicht ernsthaft in eines der Vintage-Objekte von »100FA«, denn die können Sie nur mieten, aber nicht kaufen! Die geradezu magische Galerie nicht weit vom Darsena-Hafenbecken bietet eine interessante Auswahl an Mobiliar im Industrial Style (zum Kauf) für Haus und Garten. Versandt wird auf Anfrage in die ganze Welt.

5 *fantastische* SCHMUCKGESCHÄFTE

226 **ARCOPARCO**
Via Bertani 8
Cairoli, Castello ③
+39 329 719 0635
arcoparco.com

Lucia Giorgetti ist Herz und Seele dieser Mini-Werkstatt mit Blick auf den Arco della Pace. Sie verziert ihre Schmuckstücke mit unvergleichlichen Mustern, vielfach inspiriert von japanischen Designs. Ihre höchst ungewöhnlich wirkenden Armbänder und Ohrringe sind oft sehr leicht, da sie teilweise aus Holz gefertigt werden. Die Künstlerin verwendet auch gläserne Komponenten, die in Murano hergestellt werden.

227 **MONICA CASTIGLIONI**
Via Pastrengo 4
Isola ⑩
+39 02 8723 7979
monicacastiglioni.com

Die Künstlerin, Bildhauerin und Fotografin Monica Castiglioni besitzt eine Werkstatt in Brooklyn, New York, einen Laden auf Sizilien und einen weiteren hier im Viertel Isola ihrer Heimatstadt Mailand. Hier präsentiert sie Unikate, hauptsächlich Schmuckstücke aus Bronze, denn Sie schätzt Festigkeit und Farbe dieses Metalls besonders. Ebenso liebt sie die Form des Blütenstempels, eines ihrer beliebtesten Motive.

228 **PELLINI**

228 **PELLINI**

Via Morigi 9
5vie ②
+39 02 7201 0213
pellini.it

Emma Caimi Pellini betrieb seit 1947 in Mailand eine Werkstatt – heute führen Tochter Carla und Nichte Donatella die Tradition fort und interpretieren die Goldschmiedekunst neu. Seit den 1980er-Jahren fertigen sie Entwürfe aus Plexiglas, PVC, Rhodoid und Kunstharz, einem modernen Material, das sie auf traditionelle Weise verarbeiten. Es gibt in Mailand drei Geschäfte (auch am Corso Magenta 11) und eines in Paris.

229 **DANIELA DE MARCHI**

Via dei Piatti 9
5vie ②
+39 02 8699 5040
danielademarchi.it

Die Mailänder Goldschmiedin und Designerin Daniela de Marchi entwirft Schmuck aus Bronze, Messing und Silber mit natürlichen Edelsteinen. Eigenwillig im Geschmack, verwendet sie ihre eigene Technik, die *Dropage*, mit kleinen Kügelchen, die das Schmuckstück überziehen. Neben der Werkstatt beim Dom gibt es einen Laden am Piazzale Lavater 2.

230 **PETRA ORO E GEMME**

Via Spallanzani 11
Porta Venezia ⑤
+39 02 2953 3632
petragioielli.it

Ein Goldschmiedeatelier, wo alles von Hand gefertigt wird und jede Kreation ein Unikat ist. Schmuck im frischen, lässigen Design, mit farbigen, geschliffenen klassischen und ungewöhnlichen Steinen in 9- und 18-karätigem Gold, was ihn besonders macht. Besonders exquisit: die neo-antike Schmucklinie.

5 *Quellen für*
ANTIQUITÄTEN

231 **PENNISI**
Via Manzoni 29
Brera, Corso Garibaldi ①
+39 02 862 232
gioielleriapennisi.it

»Pennisi« mit einer langen Familientradition wird heute in dritter Generation geführt. Die Inhaber sind Experten für antiken Schmuck und Edelsteine, aber auch Silber und »Objets de Vertu«, edle kleine Objekte wie Kästchen oder Schnupftabakdosen, die in den Jahren nach dem Krieg in Mailand populär wurden. Zudem sammeln sie leidenschaftlich chinesische und japanische Kunst und Art-déco-Schmuck.

232 **OFFICINA ANTIQUARIA**
Via Pietro Maroncelli 2
Nordwesten ⑩
+39 02 6900 0821
officinaantiquaria.com

In diesem Geschäft nicht weit vom Corso Como finden Sie Antiquitäten, Art-déco-Objekte und Design aus dem 20. Jahrhundert. Der Besitzer, Luca Vitali, erweist sich als passionierter Kenner von Geschichte, Kunst und Mobiliar. Seine Galerie betreibt auch eine Werkstatt für Möbelrestaurierung.

233 **RICORDI & BALOCCHI**
Via Donizetti 2
Porta Romana ②
+39 02 5511 786
ricordiebalocchi.com

Eine »Puppenklinik«, die einen unwiderstehlich anzieht, sobald man das Lädchen entdeckt hat, mit nur einem Fenster voll Objekten, die auf die Spielzeug- und Puppensammlung hinweisen, die das Besitzerpaar, leidenschaftliche Sammler, im Inneren gehortet hat. Und in der Werkstatt wird in Windeseile antikes Spielzeug restauriert.

234 **MERCATONE DELL'ANTIQUARIATO**
Naviglio Grande
Navigli ⑨
navigliogrande.mi.it/mercatone-dellantiquariato

380 Stände am Ufer des Naviglio Grande (zwischen Viale Gorizia und Via Valenza) können Sie hier durchstreifen, deren Aussteller antike Möbel, Gemälde, Skulpturen, antiken Schmuck, moderne und Designer-Objekte, alte Spiele, Schallplatten und Bücher anbieten. Mailands ältester Markt (am letzten Sonntag im Monat).

235 **AMART. ANTIQUARIATO A MILANO**
IM PALAZZO DELLA PERMANENTE
Via Filippo Turati 34
Porta Nuova ①
+39 02 7750 447
amart-milano.com

Das von der Vereinigung Mailänder Antiquare organisierte Event im klassizistischen Palazzo della Permanente, einem wichtigen Veranstaltungsort für Handelsmessen, entwickelte sich über die Jahre zum Orientierungspunkt des nationalen und internationalen Antiquitätenmarkts und bietet eine Plattform für den kulturellen Dialog zwischen den wichtigsten Akteuren dieser Branche.

5 wunderbare SPEZIALGESCHÄFTE

236 **ALTALEN**
Via Benvenuto
Cellini 21
Osten ⑥
+39 02 8703 4435

Vielseitig, verspielt und einzigartig sind die Hüte, die in der Werkstatt von Antonina »Nafi« De Luca und Elena Todros gefertigt werden. Sie arbeiten wie Schneider mit hochwertigen – manchmal auch sehr alten – Stoffen, die sie in glockenförmige, breitkrempige, enganliegende oder verschlungene Hüte verwandeln. Ihre Kreationen stehen auf alten Hutschachteln oder hängen dekorativ im Laden.

237 **STIVALERIA SAVOIA**
Via Francesco
Petrarca 7/
Via Vincenzo Monti
Cairoli, Castello ③
+39 02 463 424
stivaleriasavoia.it

Die Studio-Werkstatt wurde zwar »erst« 1925 gegründet, ihr Know-how jedoch reicht noch viel weiter bis in die Zeit zurück, als die Schuhmacherdynastie Stiefel für das Kavallerie-Regiment des Hauses Savoyen herstellte. Bis heute nutzt man dieses Können zur Fertigung von Schuhwerk für den anspruchsvollen Herrn, das vollständig von Hand gefertigt wird. Ein Handwerk, bei dem alles Vertrauenssache ist.

238 FRANCESCO MAGLIA

Via Ripamonti 194
Südosten ⑦
+39 02 5521 9333
francescomaglia.it

Inhaber Francesco Maglia steht in fünfter Generation an der Spitze des Unternehmens. Seit 1854 stellt die Familie handgefertigte Regenschirme aus hochwertigen Materialien her: Naturholz und Qualitätsstoffen aus Como. Nicht gerade billig, doch ein guter Grund, umso mehr darauf zu achten, sie nicht, sobald der Regen aufhört, irgendwo stehen zu lassen.

239 PETRONIUS 1926

Via Elba 22
Westen ⑧
+39 02 2951 0930
petronius1926.com

Der von Gründer Luigi Wollisch gewählte historische Name, Synonym für exzellente Handwerkskunst und Herstellung in Italien, wird von seinen Nachkommen – seinem Sohn Gastone und den Enkeln Gigliola, Simona und Luigi – in die Gegenwart fortgeführt. Sie verwenden noch immer die Schere ihres Großvaters zum Schneiden von Krawatten aus edelsten Stoffen, deren Muster neue Trends prägen.

240 ELESTA TRAVEL

Verschiedene Touren
+39 02 4351 0906
elestatravel.it

In Zusammenarbeit mit der Fondazione Cologni von Mestieri d'Arte (*fondazionecologni.it*) entwickelte Elesta Travel, Veranstalter von Kulturreisen, das Projekt »Milano Grand Tour«. Ziel sind Aufwertung und Förderung des Stadtgebiets, seiner Traditionen und der Kultur des »Made in Italy« mit Führungen zu Werkstätten hochkarätiger Mailänder Kunsthandwerker, aber auch zu den Themen Design, Architektur, Kunst, Mode und Kultur.

30 GEBÄUDE, DIE MAN SEHEN SOLLTE

5 KIRCHEN, die Sie nicht versäumen sollten

241 **SAN MAURIZIO AL MONASTERO MAGGIORE**
Corso Magenta 15
Sant'Ambrogio ④
+39 02 8844 5208

Die »Sixtinische Kapelle Mailands« gehörte zum ehemaligen Nonnenkloster *Monastero Maggiore*, gegründet im 16. Jahrhundert. Der Bereich für die Gemeinde war abgetrennt vom Chor der Nonnen. Die Kirchenwände sind überzogen mit bedeutenden lombardischen Renaissancefresken, ein Großteil davon aus der Schule Bernardo Luinis. Auf dem Bild der Arche Noah erkennt man – als Fantasiewesen – auch ein paar Einhörner.

242 **BASILICA DI SANT'EUSTORGIO**
Piazza Sant'Eustorgio 1
5vie, Ticinese ②
+39 02 5810 1583
+39 02 8940 2671 (Museum)
santeustorgio.it

Der Ort der ersten städtischen Taufkirche, wohl im 4. Jahrhundert unter Bischof Eustorgio errichtet, wo laut Überlieferung die Reliquien der Heiligen Drei Könige bewahrt wurden. Unter Barbarossa wurden sie nach Köln verschleppt, die Kirche zerstört. Wieder errichtet im Stil der Renaissance, beherbergt sie heute mit der *Cappella Portinari* (1462–1466) den bedeutendsten Frührenaissancebau Mailands.

242 **BASILICA DI SANT'EUSTORGIO**

243 SANTA MARIA PRESSO SAN SATIRO

Via Torino 17–19
Duomo, San Babila ①
+39 02 874 683

Diese Kirche entstand als Kombination einer Kapelle aus dem 9. Jahrhundert mit der Kirche Santa Maria, die für eine wundertätige *Madonna mit Kind* aus dem 13. Jahrhundert errichtet wurde. Für den flachen Chor entwarf Domenico Bramante eine »falsche Apsis« mit illusionistischem Gewölbe aus bemaltem Stuck hinter dem Hauptaltar, um größere Tiefe zu simulieren.

244 SANTA MARIA ALLA FONTANA

Piazza Santa Maria della Fontana 11
Isola ⑩
+39 02 6887 059

Die Reichen kamen einst wegen der heilenden Thermalquellen hierher, die bis Ende des vorigen Jahrhunderts außerhalb der Stadt lagen. Der Komplex wurde unter Charles d'Amboise, Mailänder Statthalter des französischen Königs, errichtet, der von der als wundertätig erachteten Quelle angeblich von einem Augenleiden geheilt wurde.

245 SAN BERNARDINO ALLE OSSA

Via Verziere 2
Duomo, San Babila ②
+39 02 7602 3735
sanbernardinoalleossa.it

Komplett mit Totenköpfen aufgelassener Friedhöfe überzogen sind die Wände in der dem Heiligen Bernardino geweihten Beinhauskapelle (13. Jahrhundert) der später barock wiederaufgebauten Kirche. Das dominante Deckenfresko stammt von Sebastiano Ricci. Werfen Sie einen Blick auf das Gitter zum *Putridarium*, wo die Leichname verstorbener Brüder quasi mumifiziert wurden.

5 *interessante* BIBLIOTHEKEN *und* ARCHIVE

246 **BIBLIOTECA NAZIONALE BRAIDENSE**
Via Brera 28
Brera, Corso Garibaldi ①
+39 02 8646 0907
braidense.it

Der bedeutendste Raum ist Kaiserin Maria Theresia von Österreich gewidmet, die veranlasste, die Bibliothek 1786 für die Allgemeinheit zu öffnen. Auffällig sind die vom Architekten Giuseppe Piermarini entworfenen Walnussholzregale am durchlaufenden Gang und die Kronleuchter aus böhmischem Kristall (18. Jahrhundert) aus dem Palazzo Reale, wo sie im Zweiten Weltkrieg beschädigt wurden.

246 BIBLIOTECA NAZIONALE BRAIDENSE

247 **ARCHIVIO E CRIPTA DELLA CÀ GRANDA**
Via Francesco Sforza 32
Duomo, San Babila ②
+39 02 9296 5790
vanitasclub.org/archivio

2018 wurden das Historische Archiv und die Krypta von Ca' Granda für die Öffentlichkeit geöffnet: Ersteres ein stilvoller Ort mit Dokumenten zu über 600 Jahren Stadtgeschichte, Letzteres Bestattungsort von Mailänder Patrioten.

248 **BIBLIOTECA SORMANI**
IM PALAZZO SORMANI
Corso di Porta Vittoria 6
Duomo, San Babila ②
+39 800 880 066
milano.biblioteche.it

Die Zentrale Stadtbibliothek verfügt über einen großen Lesesaal mit Zeitungen und Zeitschriften. Zu den interessantesten Räumen gehört die »Sala del Grechetto« mit 23 Gemälden zum Orpheus-Mythos. Bezauberndster Ort zum Lesen ist der Garten an der Rückseite des Gebäudes (geöffnet April bis Oktober).

249 **BIBLIOTECA VENEZIA**
Via Frisi 2–4
Porta Venezia ⑤
+39 02 8846 5799
milano.biblioteche.it

Das ehemalige Dumont-Kino, ein schönes Jugendstilgebäude vom Anfang des 20. Jahrhunderts, wird durch eine Magnolie fast verdeckt. Heute dient es als Stadtteilbibliothek und ist ein guter Ort, um Zeitungen oder Zeitschriften zu lesen.

250 **BIBLIOTECA DEGLI ALBERI**
Via Gaetano de Castillia 28
Isola ⑩
+39 02 4547 5195
bam.milano.it

Die »Baumbibliothek« erstreckt sich auf 8 ha unter den Wolkenkratzern der Porta Nuova. Der moderne Botanische Garten, entworfen von der Landschaftskünstlerin Petra Blaisse, enthält »Gemüsezimmer«, kreisförmige Miniwälder aus verschiedenen Baumarten sowie Wiesen, Fuß- und Radwege.

5 historische PALAZZI

251 **PALAZZO CLERICI**
Via Clerici 5
Duomo, San Babila ①
+39 02 8633 131
ispionline.it

In der Galerie des prächtigen Palazzo (18. Jahrhundert) finden auch Modenschauen statt. Nicht versäumen allerdings sollten Sie die von der Familie Clerici in Auftrag gegebenen Fresken von Tiepolo (1741) im Deckengewölbe, besonders den *Zum Götterhimmel auffahrenden Sonnenwagen*. Heute in Besitz des Istituto per gli Studi di Politica Internazionale ISPI (Institut für Internationale Politische Studien), können sie (nach Voranmeldung) kostenlos besichtigt werden.

252 **PALAZZO SERBELLONI**
Corso Venezia 16
Porta Venezia ①
+39 02 7600 7687
fondazione serbelloni.com

Der neoklassizistische Palazzo Serbelloni (1770), einst repräsentativer Sitz des Presseclubs, dient heute als Veranstaltungsort, nachdem die »napoleonische Etage« sorgfältig umgestaltet wurde. In den monumentalen Räumen, in denen damals internationale Größen wie Mozart oder Napoleon Bonaparte mit Gattin Joséphine zu Gast waren, können Sie heute zu psychedelischer Beleuchtung tanzen oder einen Cocktail schlürfen.

253 **PALAZZO ISIMBARDI**

Via Vivaio 1/Corso Monforte 35
Duomo, San Babila ①
+39 02 8845 5555

Der Gebäudekomplex, dessen älteste Teile ins 16. Jahrhundert zurückdatieren, wird heute von der Mailänder Stadtverwaltung genutzt. Sein künstlerisches Erbe, darunter ein bedeutendes Wandgemälde Tiepolos, kann man nach Voranmeldung besichtigen. Die Bibliothek besitzt unter anderem eine von Amos Nattini illustrierte Ausgabe der *Göttlichen Komödie* Dantes.

254 **STAATSARCHIV**

IM PALAZZO DEL SENATO

Via Senato 10
Porta Venezia ①
+39 02 7742 161
archiviodistatomilano.beniculturali.it

Vom ältesten Pergamentkodex Italiens bis hin zu modernen Urkunden, Schriftrollen, Register, Akten und dicke Bände auf fast 40 Regalkilometern. Dieses umfangreiche schriftliche Erbe wird in einem Palazzo von 1608 aufbewahrt, der nach der Vereinigung Italiens 1861 in das Staatsarchiv (*Archivio di Stato*) umgewandelt wurde.

255 **PALAZZO LITTA**

Corso Magenta 24
Sant'Ambrogio ④
+39 02 8029 41

Der Spiegelsaal mit vergoldeten Rokoko-Spiegeln und Holzvertäfelung gilt als Musterbeispiel barocker Mailänder Innenarchitektur des 18. Jahrhunderts. Als Napoleon zu Gast war, vergoss Contessa Barbara Litta aus Rührung eine Träne auf dem Boden des Roten Salons, worauf noch heute eine Perle im Bodenmosaik hinweist.

5-mal

JUGENDSTIL *und* ART DÉCO

256 **CAMPARINO IN GALLERIA**
IN DER GALLERIA VITTORIO EMANUELE II
Ecke Piazza del Duomo
Duomo, San Babila ②
+39 02 8646 4435
camparino.com

Diese 1915 eröffnete Bar ist sicherlich der stilvollste Ort für einen Aperitif in Mailand. Damals sorgte ein hochmodernes Hydrauliksystem im Keller dafür, dass die Gäste immer ein gekühltes Selters an der Bar genießen konnten. Die Jugendstileinrichtung von 1923 fertigten Eugenio Quarti (Mobiliar), Alessandro Mazzucotelli (Eisendekorationen) und Angiolo D'Andrea (Blumenmosaiken). Im Obergeschoss werden neue kulinarische Highlights des bekannten Küchenchefs Davide Oldani gereicht.

257 **SHERATON DIANA MAJESTIC**
Viale Piave 42
Porta Venezia ⑤
+39 02 2331 2095
marriott.com/en-us/hotels/milsi-sheraton-diana-majestic-milan

Der prächtige Jugendstilbau des Architekten Achille Manfredi dient heute als Luxushotel, in dessen hübschem, verstecktem Garten sich Einheimische gern auf einen Drink treffen. Ursprünglich entworfen als »Kursaal Diana«, sollte er ein Theater, Restaurant, Hotel, Pelota-Platz sowie das bestehende »Diana-Bad« aufnehmen, das leider nicht erhalten werden konnte.

258 **PALAZZO CASTIGLIONI**

Corso Venezia 47

Porta Venezia ①

Anfang des 20. Jahrhunderts vom Architekten Giuseppe Sommaruga in Auftrag gegeben, lösten die beiden nackten Skulpturen Ernesto Bazzaros einen Skandal aus, der dem Palazzo seinen Spitznamen »*Ca' di ciapp*« (»Haus des Gesäßes«) eintrugen. Sie wurden bald zur Villa Faccanoni (Via Buonarroti 48) verbracht. Im Innern sind Eisenarbeiten von Alessandro Mazzucotelli zu bewundern, wie Balustrade und Libellenlampe.

259 **CASA GALIMBERTI**

Via Marcello Malpighi 3

Osten ⑥

Jugendstilbauten, Statussymbol erfolgreicher Unternehmer, waren oft ausgefallen, fantasievoll oder skurril. Gebäude in diesem Stil konzentrieren sich, wie auch die Casa Galimberti, besonders im Viertel um die Porta Venezia. Die Fassade zeigt farbige männliche und weibliche Figuren, die, umrankt von Weinreben, den Passanten zuzublinzeln scheinen.

260 **CIMITERO MONUMENTALE**

Piazzale Cimitero Monumentale

Nordwesten ⑩

+39 02 8844 1274 (Führungen)

Der Mailänder Zentralfriedhof, eröffnet 1866, spiegelt wie ein Freilichtmuseum die Stadtgeschichte, mit Gebäuden und Grabskulpturen von Realismus bis Jugendstil – wie Werke von Enrico Butti, Leonardo Bistolfi, Eugenio Pellini oder Adolfo Wildt – und Symbolismus. Hier ruhen Toscanini, Manzoni und Salvatore Quasimodo. Führungen nach Voranmeldung.

5 *Beispiele für* BESONDERE ARCHITEKTUR

261 VIA LINCOLN
Osten ⑥

Hier sind die Häuser gelb, lila, grün oder rot gestrichen. Das ehemalige Arbeiterviertel aus dem späten 19. Jahrhundert, wohl als Gartenstadt gedacht, ist heute eine nette, farbenfrohe kleine Ecke in der Stadt. Man spaziert zwischen Obstbäumen und kleinen Palmen. Einfach zauberhaft.

262 ABBADESSE DI MILANO
Nordwesten ⑩

Ein Stück Geschichte von *Cassin Baess*, wie die Mailänder es nennen, das aus dem 11. Jahrhundert stammt. Früher gab es hier auf dem Land ein Kloster und sehr alte Höfe (*cascine*), heute nur noch die kleine Kirche, eingezwängt zwischen modernen Bauten.

263 MAGGIOLINA-VIERTEL
Nordwesten ⑩

In diesem Wohnviertel mit Reihenhäusern und Stilaltbauten verbergen sich ungewöhnliche Häuser, wie Iglus aus den 1970er-Jahren oder ein auf Pfählen stehendes Gebäude des *Razionalismo*-Architekten Luigi Figini. In den 1940ern gab es auch pilzförmige Bauten (inzwischen abgerissen) – eigenwillige Fantasie des Architekten Mario Cavallè.

264 CA' LONGA

Via Piero della Francesca 34
Nordwesten ⑩

Im ehemaligen Dorf der *scigolat*, der Obst- und Gemüsehändler, liegt das Bauernhaus aus dem 19. Jahrhundert. Wohl einst als Postamt mit Pferdeställen genutzt, wurde es später in eine *casa di ringhiera* umgebaut, ein typisches Mailänder Mietshaus mit gemeinsamen Balkonen.

265 TERRAGNI-HÄUSER

Isola ⑩

Viele Beispiele des Mailänder *Razionalismo* der 1930er findet man im Stadtteil Isola, darunter einen Entwurf von Giuseppe Terragni. Weitere seiner Bauten: *Casa Ghiringhelli* (Piazzale Lagosta 2), *Casa Comolli-Rustici* (Via Guglielmo Pepe 32) nahe den Bahngleisen (ähnlich einem Bau am Corso Sempione, bei Via Procaccini) oder die winzige *Casa Toninello* (Via Perasto 3).

264 CA' LONGA

5 *historische und moderne*
HOCHHAUSTÜRME

266 **TORRE VELASCA**
Piazza Velasca 3–5
Porta Romana ②

Das markante, wenngleich umstrittene Hochhausgebäude der Architektengruppe BBPR aus den 1950ern gilt den einen als »Symbol der architektonischen Wiedergeburt Mailands im 20. Jahrhundert« und Ikone des italienischen *Razionalismo*, dem »Daily Telegraph« hingegen als eines der hässlichsten Gebäude der Welt. Die Mailänder waren über dieses Urteil recht verärgert.

267 **TORRE PIRELLI**
Via Fabio Filzi 22
Nordosten ⑤

Das 1965 bei Giò Ponti in Auftrag gegebene Pirelli-Hochhaus ist ein Betonbau, der »nicht auf einem Sockel ruht, sondern von Leere umgeben ist, die ihn von den umliegenden niedrigen Körpern trennt«. Mit 127,10 Metern überragte er als erstes Gebäude Mailands den Dom samt bekrönender *Madonnina*. Aus diesem Grunde (und Zeichen des Respekts) wurde auch auf der Spitze dieses Turms eine kleine Madonnen-Statue montiert (wie inzwischen auch bei vielen anderen Hochhäusern).

266 **TORRE VELASCA**

268 **BOSCO VERTICALE**

Via de Castillia/
Via Confalonieri
Isola ⑩

Die beiden Türme von Stefano Boeri Architetti (110 und 80 Meter) gewannen 2014 den »International Highrise Award«. Ihre Balkone, bepflanzt mit 800 Bäumen, 4500 Büschen und 15 000 weiteren Pflanzen (die ersetzt, aber nicht verändert werden dürfen), bilden so einen 2 Hektar großen »Vertikalen Wald«.

269 **CITYLIFE TOWERS**

Piazza Tre Torri
Westen ⑧
city-life.it/it

Der »Gerade«, der »Verdrehte«, der »Gebogene« – wie Typen aus einem alten Western – sind die Spitznamen dieser drei Wolkenkratzer, die von Arata Isozaki, Zaha Hadid und Daniel Liebeskind entworfen wurden. Sie stehen im neu entwickelten Stadtquartier CityLife mit urbanem Park und Shopping-Areal und erreichten nach Fertigstellung 2020 Höhen von 202, 170 und 175 Metern.

270 **TORRE GALFA**

Via Gustavo Fara 41
Nordosten ⑤

Der 1956 von Melchiorre Bega entworfene Turm, zu sehen in Antonionis Film *Die Nacht* (1961) und Symbol für den Mailänder Wirtschaftsboom, wurde vom Studio BG&K Associati respektvoll restauriert. Die Struktur seiner geometrischen Fassade (30 Stockwerke) wirkt beeindruckend. 2019 wurde der INNSiDE Milano Torre GalFa der Öffentlichkeit zugänglich gemacht.

G. FABRICIO

60 ENTDECKUNGEN IN MAILAND

5 *wunderbare* GRÜNE OASEN

271 **ORTO BOTANICO DI BRERA**
Via Brera 28
Brera, Corso Garibaldi ①
+39 02 5031 4683
ortobotanicoitalia.it/lombardia/brera

Diese schöne, ruhige Oase liegt versteckt hinter dem strengen Barockbau des Palazzo di Brera im Zentrum Mailands. Der Botanische Garten wurde 1774 im Auftrag Kaiserin Maria Theresias von Österreich angelegt, als Hort der Freude und des Vergnügens, und lieferte zudem medizinische Pflanzen für die Brera-Apotheke.

272 **ORTO BOTANICO DI CITTÀ STUDI**
BEI DER UNIVERSITÀ DEGLI STUDI DI MILANO
Via Camillo Golgi 18
Osten ⑥
+39 02 5032 0886
ortobotanicoitalia.it/lombardia/milano

Das für die Öffentlichkeit zugängliche Areal in der Nähe des *Politecnico* und einiger Fakultäten der Staatlichen Universität wird für wissenschaftliche Forschung und Bildungszwecke genutzt. Man bewahrt und untersucht heimische Arten. In den modernen Gewächshäusern gedeiht eine interessante Sammlung fleischfressender Pflanzen.

273 **ORTI FIORITI CITYLIFE**
Via Demetrio Stratos
Westen ⑧
city-life.it

Der öffentliche Park im neuen Quartier CityLife wird als zweite »Grüne Lunge« Mailands auch über Blumengärten verfügen. Ein Projekt für den Anbau von Gewürz- und Heilkräutern, Blumen und Gemüse auf 3000 m² Fläche.

274 **PARCO TROTTER**

Via Giuseppe Giacosa
NoLo ⑤

Auf dem Gelände einer ehemaligen Rennbahn lag in den 1920ern die *Casa del Sole*, eine Schule mit hochmodernem Garten für pädagogische Erfordernisse. Heute unter Denkmalschutz, wird der Park gerne von Müttern mit Kindern genutzt, die in dem multikulturellen Viertel wohnen.

275 **ORTICOLA FLOWER SHOW**

IN DEN GIARDINI PUBBLICI INDRO MONTANELLI
Corso Venezia
Porta Venezia ①
orticola.org

Die Eröffnung gerät regelmäßig zum Society Event. Die Gäste präsentieren fantasievolle Hüte und bunte Kleider mit auffälligen Blumenmustern. Besonderes Vergnügen macht es, morgens bei wenig Andrang zwischen den vielen Pflanzen-, seltenen und uralten Blumenarten herumzuschlendern und sich mit den Besitzern der Baumschule zu unterhalten.

271 ORTO BOTANICO DI BRERA

5 ruhige Plätze
ZUM INNEHALTEN

276 **BASILICA DI SANT'AMBROGIO**
Piazza Sant'Ambrogio 15
Sant'Ambrogio ④
+39 02 8645 0895
basilicasantambrogio.it

Das Meisterwerk lombardischer Romanik ist dem Schutzpatron Mailands, dem Heiligen Ambrosius, geweiht, dessen Reliquien in einer silbernen Urne bewahrt werden. Der frühchristliche Bau besitzt eine Giebelfassade, gemauerte Glockentürme und einen viereckigen Portikus, wo Pilger empfangen wurden. Die Kapelle *San Vittore in Ciel d'Oro* birgt Fresken von Tiepolo.

277 **UNIVERSITÀ CATTOLICA DEL SACRO CUORE**
Largo Gemelli 1
Sant'Ambrogio ④
+39 02 723 41
unicatt.it

Nicht weit von der Basilica di Sant' Ambrogio lag einst ein Benediktinerkloster, das wertvolle illuminierte Manuskripte fertigte. Später wurde das Gebäude unter Beibehaltung des von Bramante entworfenen Grundrisses zum Hauptsitz der Universität umgestaltet. Im Inneren liegt ein der heiligen Katharina von Alexandria (Santa Caterina) geweihter Garten, dessen Nutzung ausschließlich Studentinnen vorbehalten ist.

278 KREUZGANG DER UNIVERSITÀ STATALE

Via Festa del Perdono 7
Duomo, San Babila ②
unimi.it

Das Krankenhaus *Ca' Granda*, nach Entwurf von Filarete (1400–1469) von Francesco Sforza im 15. Jahrhundert errichtet, dient heute als betriebsames Hauptgebäude der Staatlichen Universität. Ein Vergnügen ist es, während der Vorlesungen und am Wochenende durch den ruhigen Kreuzgang zu spazieren. Während der »Design Week« sind hier spektakuläre Installationen zu sehen.

279 LABIRINTO ARNALDO POMODORO

Via Andrea Solari 35
Südwesten ⑨
+39 02 8907 5394
fondazionearnaldo pomodoro.it

Ein geheimer, faszinierender Ort. Das Labyrinth wurde 1995 als Environment für eine Ausstellung Arnaldo Pomodoros in der Galleria Giò Marconi entworfen und dann in die Industriehallen der Riva Calzoni verlegt. Dort befindet sich heute das Museum der Fondazione Arnaldo Pomodoro, das als Showroom von Fendi dient. Besuche zu festen Zeiten nur nach Reservierung (*didattica@fondazionearnaldo pomodoro.it*).

280 BINARIO 21 – MEMORIALE DELLA SHOAH

Piazza Edmond J. Safra 1
Nordosten ⑤
+39 02 2820 975
memorialeshoah.it

Unter dem Mailänder Hauptbahnhof gelegen, bezieht sich dieses Denkmal auf die Strecke, auf der 1943 bis 1945 Juden in Zügen in die Konzentrationslager der Nazis deportiert wurden. Im Inneren des Shoah-Denkmals erinnert eine Wand mit Namen von 774 Ermordeten an die Opfer der grausamen Ereignisse.

5 *museal genutzte* WOHNHÄUSER

281 **CASA-MUSEO BOSCHI DI STEFANO**
Via Giorgio Jan 15, 2. Etage
Porta Venezia ⑤
+39 02 7428 1000
www.fondazioneboschidistefano.it/ws/

Das elegante Apartment des Sammlerpaars Antonio Boschi (1896–1988) und Marieda Di Stefano (1901–1968) liegt in einem Art-déco-Gebäude des Architekten Piero Portaluppi. Beide hinterließen über 2000 Werke italienischer Kunst des 20. Jahrhunderts, 300 davon werden präsentiert, darunter Gemälde von Umberto Boccioni, Giorgio de Chirico oder Lucio Fontana. Eintritt frei.

282 **MUSEO STUDIO FRANCESCO MESSINA**
Via San Sisto 4-A
5vie ②
+39 02 3360 2351
fondazionemessina.it

Tänzerinnen in erstarrter Pose, weibliche Büsten und Figuren aus polychrom bemalter Terrakotta, Gips, Marmor oder Wachs, besonders aber Bronze entwarf der sizilianische Bildhauer Francesco Messina in seinem repräsentativen Atelier. Das Gebäude, eine profanierte Kirche im Zentrum Mailands, die im Zweiten Weltkrieg stark zerstört wurde, stellte die Gemeinde dem Künstler gegen etliche seiner Werke zur Verfügung.

281 **CASA-MUSEO BOSCHI DI STEFANO**

283 **VILLA NECCHI CAMPIGLIO**

Via Mozart 14
Porta Venezia ①
+39 02 7634 0121
fondoambiente.it/luoghi/villa-necchi-campiglio

Die Villa der Erbinnen einer Nähmaschinendynastie ist ein schönes Beispiel museal genutzter Sammlerhäuser (*casa museo*). Errichtet in den 1930ern von Piero Portaluppi, birgt sie – selbst im Badezimmer – wertvolle Kunst des 18. bis 20. Jahrhunderts. Der Garten besaß bereits Pool und Tennisplatz. Heute gibt es ein Bistro mit Bar und exzellenter Küche, in zentraler Lage und ruhiger Atmosphäre.

284 **MUSEO BAGATTI VALSECCHI**

Via Gesù 5
Duomo, San Babila ①
+39 02 7600 6132
museobagattivalsecchi.org

Hier lebten die wohlhabenden Kunstsammlerbrüder Fausto und Giuseppe Bagatti Valsecchi in einem im Stil der Neorenaissance umgestalteten Palazzo des späten 19. Jahrhunderts mit Wappen, Kassettendecken und hochrangiger Kunst, darunter das Ölgemälde *Santa Giustina de' Borromei* von Giovanni Bellini (1470). Für Gruppen werden auch geführte Touren angeboten.

285 **MUSEO POLDI PEZZOLI**

Via Manzoni 12
Duomo, San Babila ①
+39 02 794 889
museopoldipezzoli.it

Besonders faszinierend wirkt das Arbeitszimmer des ehemaligen Besitzers dieses Palazzo, des adligen Sammlers Gian Giacomo Poldi Pezzoli. Die wichtigsten Gemälde birgt das »Dante-Kabinett«, doch auch Gobelins, Rüstungen, Teppiche und Glasobjekte umfasst die Sammlung. Manchmal wird ein *Aperitivo* im Museum angeboten.

5 legendäre SPORTSTÄTTEN

286 PISCINA COZZI
Viale Tunisia 35
Porta Venezia ⑤
+39 02 6599 703
milanosport.it/impianto/15/cozzi/27

Das Cozzi-Schwimmbad mit Fassade aus rotem Backstein und Marmor war das erste Hallenbad Italiens und eines der frühesten in Europa – ein Beispiel für modernste Technologie. Es wurde 1934 von Luigi Lorenzo Secchi entworfen und errichtet – im Geschmack der Zeit mit Marmorböden, Einlegearbeiten und Mosaiken. Eine Gedenktafel enthält eine Aufforderung von Gabriele d'Annunzio an die Mailänder, zu schwimmen.

287 SOCIETÀ DEL GIARDINO
Via San Paolo 10
Duomo, San Babila ②
+39 02 7602 0861
societadelgiardino.it/it

Die 1783 gegründete Società del Giardino zählt zu den ältesten Sportclubs der Welt. Sie besitzt einen prächtigen goldenen Saal im neoklassizistischen Stil, doch ihr Fechtsaal (*Sala di Scherma*) ist ein echter Hingucker. In Marmor graviert liest man die Namen der Fechter, die ihr Ansehen begründeten, wie die Brüder Edoardo und Dario Mangiarotti. Nur auf Einladung.

288 CIRCOLO ARCI BELLEZZA

Via Giovanni Bellezza 16-A
Südosten ⑦
+39 02 5831 9492
arcibellezza.it

Die Boxhalle aus Luchino Viscontis Schwarzweißfilm *Rocco und seine Brüder* (1960) existiert bis heute im Keller des Circolo Arci in der Via Giovanni Bellezza. Boxring, Zubehör und Waage – sie alle sind authentisch. Immer wieder findet sie aufgrund ihrer Atmosphäre und ihres einzigartigen Ambiente als Filmset Verwendung.

289 VELODROMO MASPES-VIGORELLI

Via Arona 19
Westen ⑧
vigorelli.eu

Die legendäre Radrennbahn »Il Vigorelli«, als »Scala des Radsports« 1935 gegründet, wurde aufgrund ihrer glorreichen Vergangenheit als Bauwerk von historisch-künstlerischem Interesse eingestuft. Nachdem sie längere Zeit geschlossen war, wurde die Strecke jüngst umfassend restauriert. Am 24. Juni 1965 spielten hier die Beatles eines ihrer drei Konzerte in Italien.

290 DUOMO DI MILANO

Piazza del Duomo
Duomo, San Babila ②

Was hat die größte gotische Kirche Italiens und Wahrzeichen der Stadt in einem Kapitel über Sportstätten zu suchen? Unter ihren über 2300 Statuen, entstanden vom 14. bis 20. Jahrhundert, finden sich Heilige, Dämonen und monströse Tiere, aber auch Berühmtheiten wie der Boxer Primo Carnera (1906–1967), der 1933 als erster Italiener den Weltmeistertitel im Schwergewicht gewann.

5 *Plätze, an denen* **WASSER** *plätschert*

291 **FONTANELLA DI PIAZZA DELLA SCALA**
Duomo, San Babila ②

Über 400 Trinkbrunnen (*fontanelle*) gibt es in der Stadt. Der älteste auf der Piazza della Scala aus den späten 1920er-Jahren ist der einzige Bronzebrunnen. Die anderen bestehen aus Gusseisen, sind grün lackiert und drachenförmig (das Familienwappen der Visconti). Daher auch die scherzhafte Aufforderung: »Auf zur Grünen Drachenbar!«

292 **DE-CHIRICO-BRUNNEN**
Parco Sempione
Cairoli, Castello ③

Der 1973 eingeweihte Brunnen *Fontana dei Bagni Misteriosi* von Giorgio de Chirico entstand anlässlich der 15. Triennale für den Park des Palazzo dell'Arte. Anlässlich der Expo 2015 wurden die originalen Steinfiguren farblich restauriert und ins Museo del Novecento überführt. Hier im Parco Sempione steht nur eine Kopie.

293 BAGNI MISTERIOSI

BEIM TEATRO FRANCO PARENTI

Via Carlo Botta 18
Porta Romana ②
+39 02 8973 1800
bagnimisteriosi.com

Das ehemalige Schwimmbad Caimi, heute *Bagni Misteriosi* (»Geheimnisvolle Bäder«), nahm seinen Betrieb wieder auf und ist heute einer der angesagtesten Plätze der Stadt. Entstanden in den 1930ern als Mehrzweckhalle für Fechten und Boxen, wurde es später durch Schwimmbecken erweitert. Heute ist es eine gepflegte Liegenschaft, im Sommer beliebt zum Schwimmen und Sonnenbaden. Populär für einen Aperitif am Abend.

294 VICOLO DEI LAVANDAI

Alzaia Naviglio Grande 14
Porta Genova ⑨

Einblick in das alte Mailand. Bis in die 1950er-Jahre schrubbten hier Männer Kleidung im Naviglio-Kanal, auf einer Lattenkiste (*brellin*) kniend. Seit Beginn des 20. Jahrhunderts wurde die Wäsche in eine noch sichtbare Zentrifuge gepresst. Der Begriff *lavandai* (»Waschmänner«) erinnert daran, dass dies ein harter Job für Männer war. Gute alte Zeit!

295 QC TERME MILANO

Piazzale Medaglie d'Oro 2
Porta Romana ②
+39 02 5519 9367
qcterme.com

Die spanischen Befestigungsmauern nahe der Porta Romana verbergen das Spa QC Terme, mit Garten, Solarium und Pools. In dem Jugendstilgebäude finden sich auch ein Türkisches Bad, Kneipp-Anlagen sowie ein schöner, heller Raum mit Erfrischungsbüfett (Obst, Joghurt und entspannende Kräutertees). Die alte Tram im Garten dient als Sauna.

5 Locations mit Affinität zur MODE

296 **COSTUME MODA IMMAGINE**
IM PALAZZO MORANDO
Via Sant'Andrea 6
Duomo, San Babila ①
+39 02 8846 5735
costumemoda immagine.mi.it

Der Palazzo Morando liegt im Mailänder »Mode-Viereck«, den exklusiven Einkaufsstraßen zwischen Via Monte Napoleone, Via Manzoni, Via della Spiga und Corso Venezia. Ein Ort, der anhand einer Fülle von Kleidungsstücken und Accessoires Einblick vermittelt in die Vergangenheit der Mode, ihr Bild in der Gegenwart analysiert – und suggestiv in die Zukunft blickt.

297 **LABORATORI SCALA ANSALDO**
Via Bergognone 34
Porta Genova ⑨
+39 02 4335 3525
teatroallascala.org/en/ ansaldo-workshops

Sämtliche Werkstätten des Teatro alla Scala konzentrieren sich hier, im ehemaligen Industriegebiet Ansaldo (*Laboratori Scala Ansaldo*): 20 000 m² Lagerfläche für Kunsthandwerkliches (Bühnenbild, Skulptur, Tischlerei …), Kostümdesign und Wäscherei. Hier werden auch über 60 000 Bühnenkostüme aufbewahrt, und es gibt eine Probebühne, die mit der Piermarini-Bühne der Scala identisch ist. Führungen auch auf Englisch.

298 **ARMANI SILOS**

298 ARMANI SILOS

Via Bergognone 40
Porta Genova ⑨
+39 02 9163 0010
armanisilos.com

In früheren Getreidesilos wird auf vier Etagen eine Ausstellung mit Kleidungsstücken der Modemarke von 1980 bis heute präsentiert. Die einzelnen Abteilungen zu Themen wie Stars, Tagesgarderobe, Exotik, Farbe und Licht illustrieren die Vision von »König Giorgio« und dessen zeitlose Ästhetik.

299 MILANO FASHION LIBRARY

Via Alessandria 8
Porta Genova ⑨
+39 02 8331 1211
milanofashionlibrary.it

Diese Bibliothek, die aus einem privaten Archiv entstand, erzählt die Geschichte von Kleidung und Mode ab Mitte des 19. Jahrhunderts bis in die Gegenwart anhand von Magazinen, (teils seltenen) Publikationen, Katalogen und Lookbooks. Es gibt Zeitschriften zu Strickwaren, Accessoires und Schmuck. Eine ansprechende, leicht zugängliche Sammlung.

300 APRITIMODA

apritimoda.it

»Made in Italy« ist Synonym für Mode, ein Besuch der Ateliers eine einzigartige Erfahrung, denn man lernt die Arbeit der dort beschäftigten Menschen schätzen, die für Kultur und Handwerkskunst stehen. Das Event »ApritiModa« lädt an einem Wochenende im Herbst zu einem Besuch der Modehäuser ein. Der Eintritt ist frei.

5 Pilgerstätten für DESIGN-LIEBHABER

301 **FONDAZIONE ACHILLE CASTIGLIONI**
Piazza Castello 27
Cairoli, Castello ③
+39 02 8053 606
fondazioneachille castiglioni.it

Willkommen in der privaten Welt des bekannten Industriedesigners Achille Castiglioni (1918–2002), der sechzig Jahre lang in diesem Studio arbeitete. Hier kann man Prototypen und Modelle, Zeichenmaschinen und andere Kuriositäten bewundern oder hinaufgehen in einen Besprechungsraum voll mit Objekten, mit denen er sich in die Designgeschichte einschrieb.

302 **FONDAZIONE FRANCO ALBINI**
Via Bernardino Telesio 13
Westen ⑧
+39 02 4982 378
fondazionefranco albini.com

Das historische Archiv, seit 2007 auch für die Öffentlichkeit zugänglich, diente als Atelier des Architekten und Designers Franco Albini (1905–1977), einer der großen Persönlichkeiten internationaler Ausstellungsarchitektur. Hier erfährt man, wo der Meister arbeitete, und erhält anhand von 30 seiner Entwürfe Einblick in das Werk des bedeutenden Mailänder Architekten.

303 **KARTELLMUSEO**
Via delle Industrie 3
Santa Corinna di Noviglio
+39 02 9001 2269
kartell.com/DE-AT/museo

Die anlässlich des 50. Firmenjubiläums gegründete Fabrik birgt heute auf 2500 m² Fläche auch ein Designmuseum. Die Dauerausstellung, von Ferruccio Laviani kuratiert, präsentiert 1000 Kultobjekte von 1949 bis heute. Das Gebäude selbst gewann 2000 den Guggenheim Award als bestes Firmenmuseum. Besuche nur nach Voranmeldung. Eintritt frei.

304 **PALAZZO DELLA TRIENNALE**
IM PALAZZO DELL'ARTE
Viale Alemagna 6
Cairoli, Castello ③
+39 02 724 341
triennale.org

Dies ist der Sitz des *Museo del Design Italiano* im ersten Stock des Palazzo dell'Arte, den Giovanni Muzio 1933 für die Internationale Ausstellung Dekorativer Künste entwarf. Ausstellungen, Gespräche und Begegnungen mit Kunst und Design sind immer einzigartig. Kreative lieben diesen Ort, da Ausstellungsgalerien und Buchladen immer neue Inspirationen liefern.

305 **ADI – ASSOCIAZIONE PER IL DISEGNO INDUSTRIALE**
Via Bramante 29
Nordwesten ⑩
+39 02 3669 3790
adi-design.org

Die 1956 gegründete Vereinigung für Industriedesign vergibt den »Goldenen Zirkel« *Compasso d'Oro* als ältesten und renommiertesten Preis der Branche. Die vollständige Sammlung ausgezeichneter Objekte, die als historisch und künstlerisch einzigartig einzustufen ist, zählt zum nationalen Kulturerbe Italiens und wird nach Abschluss der Restaurierungsarbeiten in neuen Räumen, dem angrenzenden ehemaligen Palazzo Enel, präsentiert.

5 *Ziele während der*
DESIGN WEEK

306 **VIA TORTONA**
Südwesten ⑨
tortonadesignweek.com

Die Gegend um die Via Tortona ist das Revier, wo vor fast 20 Jahren erstmals der »*Fuorisalone*« stattfand. Das im industriellen Ambiente veranstaltete Event wird hauptsächlich von Unternehmen nachgefragt, die sich nicht leisten konnten, an der Messe teilzunehmen. Startschuss für eine Reihe heute höchst angesagter Off-Veranstaltungen. An vielen Orten finden Präsentationen und Installationen statt, einige im BASE.

307 **NOLO**
NoLo ⑤
venturaprojects.com

Das NoLo-Viertel (»North of Loreto«) zwischen Parco Trotter und Naviglio Martesana besitzt viele unkonventionelle Räume. Besonders interessant: die großen Tunnel unter den Gleisen an der Via Ferrante Aporti (temporärer Standort des Projekts »Ventura Centrale«), aber auch die ehemaligen Fabriken, Märkte und Antiquitätenläden, die das NoLo Creative Network betreibt (Facebook-Seite).

308 **BRERA DESIGN DISTRICT**

Brera, Corso Garibaldi ①
breradesigndistrict.it

Hier finden wegen der zahlreichen Showrooms die meisten der Events statt. Einige Orte sind nur zu bestimmten Anlässen für die Öffentlichkeit zugänglich oder werden für den »Salone« umgebaut, wie die Piazzetta San Marco und der Innenhof der Pinacoteca di Brera. Die Gebäude an der Via Palermo sind besonders schön und variabel: mit mittelalterlichem Interieur oder einem Raum zum Pelota-Spielen.

309 **LE 5VIE**

5vie ②
5vie.it

Im ältesten Viertel Mailands, mit Werkstätten, Modeläden und einer alten Garage, wird der Dialog zwischen Kunst und Design intimer. Ein Spaziergang an der Via Santa Marta streift mehrere Stationen, mit Hof-Installationen, Atelierbesuchen, einem Plausch an einem alten Ladeneingang. Tipp: der Kreuzgang der Humiliaten (*Chiostro delle Umiliate*; Via Cappuccio 5).

310 **ISOLA**

Isola ⑩
isoladesigndistrict.com

Selbst die »New York Times« widmete sich dem Viertel, das sich durch die spektakuläre Architektur an der Porta Nuova und einen neuen Zugang aus der Isolation befreite und immer angesagter wurde. Heimat von Jungdesignern und aufstrebenden internationalen Marken (oft an versteckten Orten wie privaten Höfen), vor allem jedoch vieler Kunsthandwerksläden.

5 Vereine für KULTUR und FREIZEIT

311 **FORMIDABILE LAMBRATE**
Via Privata Giovanni Ventura 3
Osten ⑥
+39 327 259 1227
formidabilelambrate.com

Der zwanglose Kulturverein Formidabile Lambrate wurde gegründet zur Förderung der urbanen Erneuerung des gleichnamigen Viertels. Hier trifft man sich mit Freunden, spielt eine Partie Tischtennis oder isst eine Kleinigkeit im Café von L'Altro Tramezzino. Oder man mietet ein Büro bzw. einen Schreibtisch im Co-Working-Bereich im 1. Stock.

312 **LA SCIGHERA**
Via Candiani 131
Nordwesten ⑩
+39 02 4867 1300
lascighera.org

Dienstags findet hier ein Folkmusikkurs statt; an einem Sonntag im Monat wird Lindy Hop unterrichtet und gelegentlich werden Ausflüge zur Erkundung Mailands (*Viaggi nei Paraggi*) veranstaltet. Oder die »*Scigherina*« mit Spielen für Kinder. (Im Dialekt bezieht sich *scighera* auf den Nebel, der früher im Winter die Stadt durchdrang.) Und in der Kneipe gibt es Drinks und gute Unterhaltung. Geöffnet ab 18 Uhr.

313 **CASCINA MARTESANA**
Via Luigi Bertelli 44
Nordosten ⑤
+39 389 5820 695
cascinamartesana.com

Ein altes Bauernhaus wurde zum Versammlungsort. Wo Mailands erster Außenpool stand, finden Sie heute den Ausstellungsraum *El Bagnin de Gorla*, nicht weit von *Il Giardino Nascosto*, einem Zentrum für Yoga und Orthotherapie. *La Roggia Incantata* wiederum ist eine Oase der Entspannung mit Openair-Lounge und Picknick-Grill. Einige Aktivitäten nur für Mitglieder.

314 **SALA VENEZIA**
Via Alvise
Cadamosto 2-A
Porta Venezia ⑤
+39 02 2043 765

Tanzflächen, Discokugeln, Absätze und Vintage-Orchester sind auch im Zentrum wieder in Mode. Die *Sala Venezia* ist ein Winterlokal (Oktober bis Mai), wo man samstags speisen und tanzen kann, sonntags wird Boogie angeboten. *La Balera dell'Ortica* am Stadtrand verfügt über Außenflächen und einen Bowlingclub. Ganzjährig abends geöffnet, von Juni bis September kann man im Freien tanzen (dienstags und sonntags Boogie, donnerstags Swing; *labaleradellortica.com*).

315 **BASE**
Via Bergognone 34
Südwesten ⑨
base.milano.it/casabase

BASE entstand, »um Kreativität und Konzentration anzuregen, kulturelle Projekte zu entwickeln und die gegenseitige Befruchtung unterschiedlicher Disziplinen zu fördern«. Hier gibt es eine Werkstatt, Bistro und mehrere Zimmer: *casaBASE* ist eine Mischform aus Co-Working-Space und klassischen Doppelzimmern mit eigenem Bad. Informell und einladend.

5 Orte, wo
LICHT
eine große Rolle spielt

316 **ALESSIA PALADINI GALLERY**
Via Pietro Maroncelli 11
Norwesten ⑩
+39 339 712 4519
alessiapaladinigallery.it

In der kurzen Zeit seit ihrer Eröffnung konnte sich diese Fotogalerie bereits einen prominenten Platz erobern. In Fortsetzung ihrer langjährigen Zusammenarbeit mit der Contrasto Galleria zeigt sie moderne und zeitgenössische Fotoarbeiten mit besonderem Fokus auf Fotografinnen. Die Ausstellungen, die alle zwei Monate wechseln, sind ebenso interessant wie die zum Verkauf stehenden klassischen und modernen Werke italienischer und internationaler Fotokünstler.

317 **OSSERVATORIO PRADA**
IN DER GALLERIA VITTORIO EMANUELE II
Piazza del Duomo
Duomo, San Babila ②
+39 02 5666 2611
fondazioneprada.org/visit/milano-osservatorio

Hier werden in Ausstellungen und Shows die kulturellen und sozialen Auswirkungen zeitgenössischer Fotografie und Bildsprache hinterfragt. Das *Osservatorio* des Unternehmens Prada liegt im Oktogon auf gleicher Höhe wie die Kuppel aus Glas und Eisen, die die Galerie abschließt. Die riesigen Fenster bieten eine tolle Aussicht. Im Ticket inbegriffen: Eintritt zur *Fondazione Prada* (innerhalb von sieben Tagen).

318 **10 CORSO COMO**
Corso Como 10
Nordwesten ⑩
+39 02 653 531
10corsocomo.com

Dieses Projekt von Carla Sozzani umfasst einen Laden, Bar-Restaurant sowie Hotelzimmer im Innenhof eines typischen Mailänder Gebäudes, das inzwischen von den umstehende Wolkenkratzern beinahe »verschluckt« wurde. Der interessanteste Bereich ist eine Galerie für Fotografie, Kunst, Design und Architektur. Seit 1990 gab es dort neben vielen anderen Ausstellungen von Helmut Newton, Annie Leibovitz, Bruce Weber, Paolo Roversi oder David LaChapelle.

319 **MUSEO FOTOGRAFIA CONTEMPORANEA**
IN DER VILLA GHIRLANDA
Via Frova 10
Cinisello Balsamo (MI)
+39 02 6605 661
mufoco.org

Das einzige öffentliche Fotomuseum Italiens liegt in der *Villa Ghirlanda* in Cinisello Balsamo nördlich von Mailand und ist spezialisiert auf Konservierung, Katalogisierung, Studium und Verbreitung der Fotografie. Nehmen Sie die U-Bahn bis Bignami, dann die Tram 31 bis Villa Ghirlanda (*biglietto interurbano*). Eintritt frei.

320 **DIALOGO NEL BUIO**
IM ISTITUTO DEI CIECHI DI MILANO
Via Vivaio 7
Porta Venezia ①
+39 02 7722 6210
dialogonelbuio.org

Wie nehmen wir Berührungen, Gerüche, Geräusche und Geschmack wahr ohne den Gesichtssinn? Diese Erfahrung mit einem sehbehinderten Führer bedeutet buchstäblich eine Reise in die Dunkelheit (»Dialog im Dunklen«). Zu Beginn hat man das Gefühl, alles sei unmöglich. Dann jedoch beginnt man wider Erwarten, die Dinge anders zu »sehen«.

5 bezaubernde PLÄTZE in der Stadt

321 **PIAZZA DEI MERCANTI**
Duomo, San Babila ②

Der mittelalterliche Platz verdankt seinen Namen Loggia und Arkade, die einst unter dem Palazzo della Ragione, dem ehemaligen Gemeindeamt, als Markt genutzt wurden. An einem der Bögen erkennt man das Relief des Untiers *Scrofa semilanuta* (»Halbwollsau«), das mit dem Gründungsmythos der Stadt verbunden ist.

322 **PIAZZA SANT'ALESSANDRO**
5vie ②

An diesem gepflasterten Platz für Fußgänger fühlt man sich, als hätte man die Stadt verlassen. Freunde sitzen auf den Stufen von *Sant'Alessandro in Zebedia*, um Geheimnisse mit dem imposanten Barockgebäude auszutauschen, das reich mit Fresken, Stuck und Vergoldung dekoriert ist.

323 **PIAZZA AFFARI**
5vie ②

Die respektlose Skulptur *L.O.V.E. (Freiheit, Hass, Rache, Ewigkeit)* Maurizio Cattelans steht mitten auf dem Platz. Viele sehen darin nur einen ausgestreckten Mittelfinger – vulgäre Geste an die Finanzwelt der nahen Börse? Oder ist es ein von der Zeit zerfressener faschistischer Gruß an die Architektur des *Palazzo Mezzanotte*?

324 **GALLERIA VITTORIO EMANUELE II**

Duomo, San Babila ②

Mehr als ein Platz, ist dies ein Elite-Treffpunkt Mailands, entworfen von Giuseppe Mengoni und 1878 eröffnet. 1885 folgte die Beleuchtung mit Bogenlampen als weltweit erste Verwendung von Elektrizität im öffentlichen Raum. Und vor Kurzem wurde eine Panoramastrecke auf der »Highline-Galerie« hoch auf dem Dach eröffnet.

325 **PALAZZO LOMBARDIA**

Piazza Città di Lombardia 1
Isola ⑩
regione.lombardia.it

Jeden Sonntagmorgen kann man hier das Belvedere in der 39. Etage des Palazzo Lombardia erklettern, Sitz der Büros der Regionalverwaltung mit einem modernen überdachten Platz, entworfen vom chinesisch-amerikanischen Stararchitekten und Pritzker-Preisträger 1983 I. M. Pei. An klaren Tagen kann man aus 160 Meter Höhe die Berge sehen. Eintritt frei.

321 PIAZZA DEI MERCANTI

5 gute Anbieter von STADTFÜHRUNGEN

326 **MILAN GREETERS**
milan.greeters.info

Ein neuer Anbieter in Mailand, verbunden mit dem gemeinnützigen Global Greeter Network, das vor 25 Jahren in New York gegründet wurde und inzwischen weltweit in 150 Städten vertreten ist. Es handelt sich hierbei nicht um Profi-Reiseführer, sondern Freiwillige, die ihre Stadt lieben und diese Passion mit Besucher teilen möchten. Sie nehmen kein Geld (nur Spenden für die Organisation).

327 **CGM – CENTRO GUIDE TURISTICHE DI MILANO**
BÜRO:
Piazza Castello 1/ Via Luca Beltrami
Cairoli, Castello ③
+39 348 566 0758
centroguidemilano.net

Die Vereinigung Centro Guide Turistiche di Milano setzt sich aus zertifizierten Reiseführern zusammen. Zu ihren Mitgliedern zählen Architekten, Kunsthistoriker, Archäologen und Musikexperten. Das Spektrum der angebotenen Touren ist dementsprechend äußerst vielfältig und kann nach Belieben noch weiter thematisch variiert werden.

328 **NEIADE**

BÜRO:
Viale Romagna 46
East ⑥
+39 02 3656 5694
neiade.com

Es gibt verschiedenste Arten, Mailand zu erkunden, diese Vereinigung von Reiseführern, die auch private Touren organisiert, zeichnet sich durch besondere Erfahrung aus. Ein Picknick auf der Sforza-Burg? Ein Besuch mit Forensikern bei den Skeletten im Friedhof der Ca' Granda? Oder lieber ein Aperitif auf dem Dach der Galleria Vittorio Emanuele II? Auch Touren bei Nacht sind möglich.

329 **ORDINE ARCHITETTI MILANO**

BÜRO:
Via Solferino 17–19
Brera, Corso Garibaldi ①
+39 02 625 341
ordinearchitetti.mi.it/en/mappe/itinerari/repertorio

Routen und Spaziergänge zu Architekturthemen werden zu festen Terminen (siehe Website) vom Verband *Ordine e Fondazione degli Architetti, Pianificatori, Paesaggisti e Conservatori* (Architekten, Stadtplaner, Landschaft- und Denkmalpfleger) der Provinz Mailand organisiert. Eine großartige Möglichkeit, den Spuren von Vico Magistretti oder Giò Ponti zu folgen oder die Architektur der neuen Hochhaustürme und Vorstädte zu erkunden.

330 **IL SIPARIO MUSICALE**

BÜRO:
Via Molino delle Armi 11
Ticinese ②
+39 02 5834 941
ilsipariomusicale.com

Der auf Musiktourismus spezialisierte Anbieter organisiert Urlaube, die Hotelunterkunft, Tickets für Opern, Konzerte, Ballette und Veranstaltungen nach der Vorstellung an historischen Orten beinhalten, mit Zugang zu verborgenen Schätzen. Auch exklusive Gruppenbesuche des Archivio Storico Ricordi (*archivioricordi.com*).

60 ORTE FÜR DEN KULTURGENUSS

5 *mal*

LEONARDO DA VINCI

331 **VIGNA DI LEONARDO**
Corso Magenta 65
Sant'Ambrogio ④
+39 02 4816 150
vignadileonardo.com

Gegenüber von Maria delle Grazie (mit Leonardos *Letztem Abendmahl*; *cenacolo.it)* liegt der Weinberg *(vigna)*, den Ludovico Sforza, Herzog von Mailand, 1498 dem Künstler schenkte. Mit Originalrebsorte am einstigen Standort wieder angelegt, gehört er heute zum Park der Casa degli Atellani.

332 **SALA DELLE ASSE**
IM CASTELLO SFORZESCO
Piazza Castello
Cairoli, Castello ③
+39 02 8846 3703
milanocastello.it

Nach Ankunft in Mailand 1482 unter Ludovico il Moro besuchte Leonardo regelmäßig die Burg der Sforza. Die Ausstattung der Sala delle Asse (»der Holzbretter«) bezieht sich wohl auf den Herzog selbst, wegen der Pergola aus Maulbeere (*moro*), die als Fresko das Gewölbe überzieht.

333 **BIBLIOTECA AMBROSIANA**
Piazza Pio XI 2
Cairoli, Castello ③
+39 02 806 921
ambrosiana.eu

1609 gründete Kardinal Federico Borromeo die erste öffentliche Bibliothek Europas. Ihre einzigartige Sammlung beinhaltet Leonardos *Codex Atlanticus* (1478–1518): 12 Bände mit Skizzen und Notizen zu Mathematik, Astronomie, Botanik und Zoologie. In der Gemäldegalerie: Leonardos *Porträt eines Musikers*.

334 **MUSEO NAZIONALE DELLA SCIENZA E DELLA TECNOLOGIA**
Via San Vittore 21
Sant'Ambrogio ④
+39 02 485 551
museoscienza.org

Leonardo war auch Erfinder, aufmerksamer Beobachter und Interpret der Natur. Das Museum verfügt über eine Installation aus 130 dreidimensionalen Modellen, die nach seinen Skizzen gefertigt wurden. Dazu gibt es eine interaktive Abteilung.

335 **CONCA DELL'INCORONATA**
Via San Marco
Brera, Corso Garibaldi ①
naviglilombardi.it

Die Funktionsweise der Schleusen als Teil des genialen Wassertransportsystems, das Leonardo erfand, kann man noch heute am Ende der Via San Marco erkennen, nachdem der größte Teil während des Faschismus unter Straßen und Gebäuden verschwand. Bei der Restaurierung wurden die Holztore zur Regulierung des Wasserflusses ausgetauscht.

334 MUSEO NAZIONALE DELLA SCIENZA E DELLA TECNOLOGIA

5 Plätze aus dem Leben GIUSEPPE VERDIS

336 **TEATRO DELLA SCALA**
Largo Ghiringhelli 1, Piazza Scala
Duomo, San Babila ②
+39 02 8879 7473
teatroallascala.org
museoscala.org

Verdi debütierte 1839 an der Scala, seine Oper *Nabucco* wurde auf der Piermarini-Bühne 1842 uraufgeführt. Das Opernmuseum verfügt über interessante Exponate, darunter einen Abguss seiner rechten Hand und mehrere Gemälde: ein strenges Verdi-Porträt von Achille Scalese sowie Darstellungen seiner Frauen, Margherita Barezzi und Giuseppina Strepponi. Der Besuch umfasst Theater und Museum.

337 **GRAND HOTEL ET DE MILAN**
Via A. Manzoni 29
Brera, Corso Garibaldi ①
+39 02 723 141
grandhoteletdemilan.it

Im einstigen Hotel »Albergo di Milano« bewohnte der Maestro immer Suite 105, sein »Zuhause«, wenn er in der Stadt war. Die Mailänder verehrten ihn so sehr, dass sie bei seiner Erkrankung die Veröffentlichung der medizinischen Bulletins verlangten. Sie bedeckten die Straße mit Stroh und umhüllten die Pferdehufe mit Tüchern, um Lärmbelästigung zu vermeiden. Verdi starb hier am 27. Januar 1901.

338 **PASTICCERIA COVA**
Via Monte Napoleone 8
Duomo, San Babila ①
+39 02 7600 5599
pasticceriacova.com

Heute gehört die 1817 gegründete Konditorei zur internationalen Luxusgruppe LVMH, ursprünglich war sie ein Literaturcafé, in dem sich während des Risorgimento Intellektuelle, Bourgeoisie und Patrioten trafen. Auch Verdi kam hierher und hatte einen Lieblingstisch. Das wertvolle Mobiliar, Kristall-Leuchter, Spiegel und polychrome Böden haben die Zeiten überdauert.

339 **SAN MARCO**
Piazza San Marco 2
Brera, Corso Garibaldi ①

Verdi nahm zwar nicht an der Beerdigung seines Freundes Alessandro Manzoni teil, komponierte jedoch die berühmte *Messa da Requiem* für ihn. Ein Jahr danach inszenierte er eine bewegende Aufführung seiner Messe in der Kirche San Marco. Der dreischiffige Sakralbau mit Grundriss eines lateinischen Kreuzes hat beeindruckende Dimensionen. Im Kreuzgang gibt es einen Fußballplatz.

340 **CASA VERDI**
Piazza Buonarroti 29
Westen ⑧
+39 02 4996 009
casaverdi.it

Verdi sagte einmal, sein Altersheim für Musiker (*Casa di Riposo per Musicisti*) sei »sein schönstes Werk«. Das gotische Gebäude, das der Meister von Busseto mit Camillo Boito selbst entwarf, beherbergt »Menschen, die sich mit Musik befassen, jedoch in Armut leben«. Hier wurde der Meister auch mit seiner Gattin Giuseppina Strepponi begraben (Besichtigung der Krypta 8.30–18 Uhr).

5 *Anlaufstellen für*
KLASSISCHE MUSIK

341 **ASSOCIAZIONE MUSICALE ARTEVIVA**
+39 02 4966 3199
associazione arteviva.com

Das Arteviva-Kammerorchester ist mittlerweile seit 20 Jahren aktiv, wobei sein Repertoire von Werken der Wiener Klassik bis zu Kompositionen zeitgenössischer Autoren reicht, jeweils unter Leitung des Dirigenten Matteo Baxiu. Die Aufführungsorte variieren. Einer davon ist die prächtige Kulisse der Basilika Santa Maria delle Grazie.

342 **SOCIETÀ DEL QUARTETTO DI MILANO**
+39 02 795 393
quartettomilano.it

Diese Gesellschaft organisiert die wohl bedeutendste Kammerkonzert-Saison Europas, seit sich 1864 der Komponist Arrigo Boito und der Musikverleger Tito Ricordi für die Gründung einer Musikakademie mit der Bezeichnung »Società del Quartetto« einsetzten. Einige der Konzerte finden in dem von Verdi gegründeten Seniorenheim für Musiker statt.

343 SERATE MUSICALI

+39 02 2940 9724
seratemusicali.it

Vierzig Jahre Geschichte und ein ambitioniertes Programm. Viele der Künstler, die nach Mailand eingeladen wurden, sind inzwischen internationale Stars: Hilary Hahn, Piotr Anderszewski, Jewgeni Sudbin oder Leonidas Kavakos, andere werden bald in ihre Fußstapfen treten, da bei den *Serate Musicali* (Musikabenden) traditionell neben führenden internationalen Stars auch junge Talente präsentiert werden.

344 I POMERIGGI MUSICALI

+39 02 879 05
ipomeriggi.it

Das 1945 gegründete Projekt, das klassisches Repertoire mit zeitgenössischen Kompositionen vereint, trug – trotz Zensur durch die Faschisten – sofort maßgeblich zur Verbreitung führender Komponisten des 20. Jahrhunderts bei. Das umfangreiche Repertoire umfasst Musik aus Barock, Klassik und Frühromantik sowie moderne und zeitgenössische Komponisten. Im *Teatro Dal Verme* (Via S. Giovanni sul Muro).

345 LAVERDI

+39 02 8338 9401
laverdi.org

Gegründet vom russischen Dirigenten Vladimir Delman und Luigi Corbani, entwickelte sich LaVerdi in 20 Jahren zu einem national und international hoch geschätzten Sinfonieorchester, mit Repertoire vom 18. Jahrhundert bis zu zeitgenössischer Musik. Die meisten Aufführungen finden im *Auditorium* statt.

5 Clubs für
JAZZ-LIEBHABER

346 **MASADA**
Viale Carlo Espinasse 41
Nordwesten ⑩
masadamilano.it

Dieser einladende Kulturverein ist wegen seines interessanten Programms bei Musikern sehr beliebt. Die Musiker spielen in einer kleinen Garage, ausgestattet mit ausrangiertem Mobiliar, Tischen und Kinositzen. Hinter der Bühne gibt es auch einen Buchladen. Am interessantesten ist der Sonntagabend. Keine Reservierung nötig.

347 **CLIVATI 1969**
Viale Coni Zugna 57
Porta Genova ⑨
+39 02 8322 591
pasticceriaclivati.com

Jazzmusik in einer Konditorei? Klar, an einem Abend in der Woche – Termine auf der Facebook-Seite – finden in dem kleinen Raum der Pasticceria Clivati intime Konzerte statt. Ein Aperitif (und vielleicht ein Abendessen) mit Musik, dazu herzhaftes Gebäck und ein Cocktail mit italienischem Vermut: *cannoli* Mailänder Art, Carbonara-Beignets oder ein Pasta-Gericht … Clivati ist eine Mailänder Institution und Lieblingsbäckerei auf Instagram.

348 **BACHELITE CLAB**
Via Vertoiba 3
Osten ⑥
+39 340 891 9707

Abseits ausgetretener Pfade ist dies einer jener Orte, an denen Musiker sich gern spontan zu Jamsessions zusammenfinden. In einer ehemaligen Autowerkstatt, die renoviert wurde und postindustrielles Design mit modernen Möbeln und Objekten aus Bakelit verbindet. Schauen Sie mittwochs hier vorbei.

349 **JAZZ BAR ALLO SMERALDO**
IN DER EATALY SMERALDO
Piazza Venticinque Aprile 10
Nordwesten ⑩
+39 347 325 5558
eataly.net/it_it/negozi/milano-smeraldo/news/jazz-bar-allo-smeraldo

Sämtliche Richtungen von Contemporary bis Mainstream Jazz, Folk Music und Funky Jazz, Fusion und Kammermusik. Die Jazz Bar allo Smeraldo bietet ein Frühlingsprogramm, das einige der größten Namen der Szene sowie neue und interessante Projekte auf die Bühne des Eatitaly Milano Smeraldo an der Piazza Venticinque Aprile bringt.

350 **NORD EST CAFÈ**
Via Pietro Borsieri 35
Isola ⑩
+39 02 6900 1910

Der Club stand oft etwas im Schatten des nicht weit entfernten »Blue Note«, obwohl er älter ist als dieses und sich bis heute durch seine lockere Atmosphäre auszeichnet. Jeweils am Donnerstagabend finden Livekonzerte mit aufstrebenden oder etablierten Mailänder Jazzmusikern statt. Es gibt auch einen kleinen Bereich im Freien.

5 Tipps für einen
THEATERABEND

351 **TEATRO STUDIO MELATO**
Via Rivoli 6
Cairoli, Castello ③
+39 02 4241 1889
piccoloteatro.org

Das Teatro Fossati aus dem 19. Jahrhundert, heute *Teatro Studio Melato*, ist die kleinste Bühne des legendären *Piccolo Teatro di Milano*, 1947 gegründet von Giorgio Strehler, Paolo Grassi und Nina Vinchi, und bis heute bei Regisseuren höchst beliebt. Weitere Spielstätten sind *Teatro Strehler* (Largo Grappi 1) und *Teatro Grassi* (Via Rovello 2) in der Nähe eines kürzlich restaurierten Renaissancekreuzgangs mit Buchhandlung und Bar. Hervorragender *Aperitivo*.

352 **TEATRO DEI FILODRAMMATICI**
Via Filodrammatici 1
Duomo, San Babila ②
+39 02 3672 7550
teatrofilodrammatici.eu

1798 von Luigi Canonica nach Entwurf von Giuseppe Piermarini in der profanierten Kirche San Damiano alla Scala errichtet, spiegelt das Äußere des »Theaters der Amateurschauspieler« eine Renovierung Anfang des 20. Jahrhunderts. Seit 2010 obliegt die Leitung der *Accademia dei Filodrammatici* (wie bereits im frühen 19. Jahrhundert). Interessantes zeitgenössisches Programm.

353 MANIFATTURE TEATRALI MILANESI

Corso Magenta 24
Sant'Ambrogio ④
+39 02 8055 882
mtmteatro.it

Im MTM schlossen sich zwei Theater, zusammen, die seit 40 Jahren tätig sind: das Teatro Litta und die Genossenschaft Quelli di Grock. Sein Programm verbindet die Leidenschaft für einen neuen Ansatz mit sozial engagiertem Theater und Bildung.

354 TEATRO GEROLAMO

Piazza Cesare Beccaria 8
Duomo, San Babila ②
+39 02 4538 8221
teatrogerolamo.it

Ein »echtes Schatzkästchen« nennt der künstlerische Leiter Roberto Bianchin (Berater des Teatro La Fenice in Venedig) das kleine Theater, das nach 30 Jahren Schließung wegen Einsturzgefahr wunderbar restauriert wiedereröffnet wurde. Mit 209 Plätzen war es 1868 das erste europäische Marionettentheater.

355 TEATRO BRUNO MUNARI

IM TEATRO DEL BURATTO
Via Giovanni Bovio 5
Nordwesten ⑩
+39 02 2700 2476
teatrodelburatto.it

Das Theater in einem ehemaligen Industriegebäude des Pharmaunternehmens Carlo Erba entwarf der Architekt Italo Rota. Im Inneren birgt es ein großes Foyer, den Theatersaal und Räume für pädagogische Aktivitäten und Spiele. Geplant sind Produktionen für Kinder und Jugendliche.

5 *Spielorte für*
MODERNE KUNST

356 **FABBRICA DEL VAPORE**
Via G. C. Procaccini 4
Nordwesten ⑩
+39 02 0202
fabbricadelvapore.org

Das große, halb überdachte Ausstellungsgelände (30 000 m²) widmet sich verschiedensten Formen bildender und darstellender Kunst, besonders Multimedia. Auf dem Gelände einer ehemaligen Fabrik für Eisenbahnausrüstung mit Lagerräumen und historischen Fabrikhallen mit großen Fenstern bietet es auch Räume für junge Künstler. Veranstaltungen finden Sie im Kalendarium auf der Website.

357 **FONDAZIONE PRADA**
Largo Isarco 2
Südosten ⑦
+39 02 5666 2612
fondazioneprada.org

Das OMA-Studio von Rem Koolhaas ergänzte eine ehemalige Destillerie vom Beginn des 20. Jahrhunderts um drei neue Gebäudeteile – *Podium*, *Kino* und *Turm*. Letzterer, 2018 eröffnet, bietet durch riesige Fenster und seine Rooftop-Bar unvergleichliche Ausblicke auf die Stadt. Sämtliche Räume beherbergen Kunstobjekte und Installationen aus der Sammlung des italienischen Modeunternehmens Prada.

358 **PIRELLI HANGARBICOCCA**

358 **PIRELLI HANGARBICOCCA**
Via Chiese 2
Nordosten ⑤
+39 02 6611 1573
pirellihangar bicocca.org

Die *Sieben Himmlischen Paläste* – Türme aus Beton und Schutt, die in einem halbdunklen Hangar schief in den Himmel ragen –, ein poetisches Kunstwerk von Anselm Kiefer, sind ein guter Grund sich auf das ehemalige Industriegelände im Nordosten Mailands zu begeben. Ein Labor für zeitgenössische Kunst mit einem interessanten Ausstellungsprogramm.

359 **SANTA MARIA ANNUNCIATA IN CHIESA ROSSA**
Via Neera 24
Abbiategrasso (MI)
Südwesten ⑨

Die 1930 von Giovanni Muzio entworfene Kirche beherbergt eine Lichtinstallation Dan Flavins. Das letzte Werk des amerikanischen Minimalisten (1997 der Öffentlichkeit übergeben) taucht den Innenraum in einen chromatischen Farbverlauf. Öffnungszeiten: 16–19 Uhr. Der Eintritt ist frei.

360 **MUSEO SAN FEDELE**
IN DER KIRCHE SAN FEDELE
Piazza San Fedele 4
Duomo, San Babila ②
+39 02 863 521
sanfedeleartefede.it

Klassische steht hier neben zeitgenössischer Kunst. Die Kirche San Fedele birgt Werke von Lucio Fontana (*Via Crucis*), Pietro Manzoni (*Spannung*), Jannis Kounellis (*Kreuzigung*), Hidetoshi Nagasawa (*Boot*) neben Fotografien von Joel Meyerowitz (*Provincetown*). Klassisch dagegen präsentiert sich die *Madonna dei Torriani* in der sogenannten Cappella delle Ballerine, wo die Schulen der Scala vor einem Auftritt eine Kerze entzündeten.

5
GALERIEN FÜR GEGENWARTSKUNST

361 **MASSIMO DE CARLO**
Viale Lombardia 17
Osten ⑥
+39 02 7000 3987
massimodecarlo.com

Die dritte Galerie von Massimo De Carlo wurde 2019 eröffnet: die restaurierte *Casa Corbellini Wassermann* von Piero Portaluppi aus den 1930-Jahren (Viale Lombardia 17) – nach seinen Niederlassungen im Lambrate-Viertel (Via Ventura) und an der Piazza Belgioioso 2 (Palazzo Piermarini aus dem 18. Jahrhundert). Eine weitere elegante Anlaufstelle für Kunst der Gegenwart.

362 **FRANCESCA MININI**
Via Privata Massimiano 25
Osten ⑥
+39 02 2692 4671
francescaminini.it

Francesca, Tochter des bekannten Galeristen Massimo Minini, verkauft hier Werke aufstrebender italienischer und internationaler Künstler (besonders Installationen und Skulpturen). Ihre im Jahr 2006 eröffnete Galerie präsentiert sich als White Cube. Vertreten werden Künstler wie Flavio Favelli, Giulio Frigo oder Riccardo Previdi.

363 LIA RUMMA

Via Stilicone 19
Nordwesten ⑩
+39 02 2900 0101
liarumma.it

Drei Etagen mit Terrasse in einem nördlichen Vorort, betrieben von der Neapolitanerin Lia Rumma, entwickelten sich seit der Jahrtausendwende zur angesagten Anlaufstelle für moderne Kunst. Die Galeristin vertritt international bekannte Stars, wie Marina Abramović, Vanessa Beecroft oder Anselm Kiefer, aber auch zeitgenössische italienische Künstler.

364 ARTESPRESSIONE

Via della Palla 3
5vie ②
+39 335 594 6148
artespressione.com

Paula Nora Seegy eröffnete im Mai 2009 ihre Galerie in der Mailänder Altstadt mit dem Ziel, Wechselwirkungen zwischen verschiedenen künstlerischen Medien – Malerei, Skulptur, Fotografie – mit Ausstellungen und Events zu generieren. Kurator Matteo Pacini verantwortet das Ausstellungsprogramm von internationalem Zuschnitt.

365 FUTURDOME

Via Giovanni Paisiello 6
Osten ⑥
+39 393 4040 233
futurdome.com

Dieses experimentelle »Museumsgebäudeprojekt für zeitgenössische Kunst« zielt darauf ab, das historische Erbe eines bestehenden Baus durch konservative Restaurierung, technologische Instandsetzung und künstlerische Interventionen neu zur Geltung zu bringen. Das Jugendstilgebäude diente in den 1940er-Jahren als Treffpunkt der Futuristen.

5

MEISTERWERKE *der* PINACOTECA DI BRERA

366 **PINACOTECA DI BRERA**
Via Brera 28
Brera, Corso Garibaldi ①
+39 02 722 631
pinacotecabrera.org

Dank ihres Direktors James Bradburne, der in den letzten Jahren die 38 Räume neu gestalten ließ, wurde die hochrangige Pinacoteca di Brera noch attraktiver und lebendiger. Beispielhaft dafür stehen neuartige Aktivitäten wie die Musiksessions, die jeden dritten Donnerstag im Monat mit jungen Musikern der Civica Scuola di Musica Claudio Abbado stattfinden.

367 **VERMÄHLUNG MARIÄ**
Raffael

Ein Frühwerk Raffaels – er schuf es 1504, kompositorisch und ikonografisch angelehnt an Perugino, bei dem er in die Lehre ging, im Laufe der Zeit jedoch seinen Meister überflügelte. Der Zentralbau des Tempels im Hintergrund, auf den sämtliche Linien der Perspektive zulaufen, markiert den Mittelpunkt der Szene. Die Figuren, die davor fast halbkreisförmig angeordnet sind, unterstreichen die formale und geometrische Perfektion seiner Architektur.

368 PIETÀ
Giovanni Bellini

Eine *Pietà* auf Tempera, die stark bewegt, aufgrund der tiefen Menschlichkeit ihrer Figuren – besonders der Jungfrau Maria, die mit schmerzvollem Gesichtsausdruck ihren Sohn ansieht. Ein Charakteristikum auch späterer Werke des Künstlers, der ein Schwager Mantegnas war und wie dieser seine Figuren gern extrem in den Vordergrund rückte. Die Dreiergruppe mit Johannes dem Täufer entstand 1465–1470.

369 ABENDMAHL IN EMMAUS
Caravaggio

Eine frühere Version dieses Motivs besitzt die Londoner National Gallery. Das Ölbild in der Pinacoteca di Brera (1605–1606) entstand, nachdem Caravaggio, wegen Mordes verurteilt, aus Rom geflohen war. Die Verwendung des Helldunkel (*chiaroscuro*) macht den Lichteinfall (etwa auf dem melancholischen Gesicht Christi) zum dramatischen Element und das Gemälde einzigartig.

370 BEWEINUNG CHRISTI
Andrea Mantegna

Das auffällige Temperabild des toten Christus (um 1480?), der komplett die Leinwand füllt, zieht den Betrachter durch seine extreme perspektivische Verkürzung buchstäblich hinein in die Trauergruppe, die sich um seinen Leichnam versammelt hat. Aus dem Besitz der Familie Gonzaga wurde es 1824 von der Porträtgalerie erworben und zählt zu den ikonischen Gemälden der italienischen Renaissance.

5 *Meilensteine der*
ARCHITEKTUR

371 **MUSEO ARCHEOLOGICO**
Corso Magenta 15
Sant'Ambrogio ④
+39 02 8844 5208
museoarcheologico milano.it

Das Archäologische Museum im einstigen Kloster *Monastero Maggiore di San Maurizio* (8. Jahrhundert) ist ein großartiger Ort, wo man Spuren des römischen Zirkus neben dem Kaiserpalast (spätes 3. Jahrhundert) besichtigen kann. Eine neue App ermöglicht einen virtuellen Rundgang durch die Funde des Museums (griechische, römische und etruskische Abteilung).

372 **CRIPTA DI SAN SEPOLCRO**
Piazza San Sepolcro
5vie ②
+39 02 9296 5790
vanitasclub.org/cripta-di-san-sepolcro

Die 2016 wiedereröffnete Krypta der *Chiesa di San Sepolcro* von 1033 (an der Kreuzung der Straßen *Cardo* und *Decumanus* am Forum Romanum des antiken *Mediolanum*), den Rittern des Heiligen Grabes nach Rückkehr von Jerusalem im 1. Kreuzzug geweiht, zieht nur wenige Besucher an. Erhalten haben sich dort der originale Boden und Fresken des 14. Jahrhunderts. Deren Restaurierung finanziert der Verkauf der Tickets.

373 **FORUM ROMANUM**
IN DER BIBLIOTECA AMBROSIANA
Piazza Pio XI 2
5vie ②
+39 02 806 921
ambrosiana.it

Das antike *Mediolanum*, wichtiges Zentrum im Römischen Reich, besaß ein Forum, von dem sich Spuren erhielten. Über die Jahrhunderte gingen Kaiser, berühmte Männer und der heilige Ambrosius, Schutzpatron von Mailand, die Hauptstraße entlang. Donnerstags und freitags »Römischer Aperitif« (15 Euro).

374 **ANFITEATRO ROMANO**
Via de Amicis 17
Sant'Ambrogio ④
architettonicimilano. lombardia. beniculturali.it

Die Entwicklung eines besonderen Projekts soll in den nächsten drei Jahren abgeschlossen werden: Buchs-, Myrten- und Zypressenbäume werden die Umrisse des römischen Amphitheaters (erste Hälfte des 1. Jahrhunderts) als »Grünes Amphitheater« (*Amphitheatrum viridans*) nachzeichnen, dessen Spuren sich im Areal an der Via de Amicis fanden. 155 Meter lang und 125 Meter breit, fasste es 35 000 Zuschauer.

375 **MUSEO DI ARTE ETRUSCA**
IM PALAZZO BOCCONI-RIZZOLI-CARRARO
Corso Venezia 52
Porta Venezia ⑤
fondazioneluigi rovati.org

Das Museum erstreckt sich bis unter den Park des *Palazzo Bocconi-Rizzoli-Carraro*. Es wurde im Mai 2022 nach einer umfassenden Renovierung wiedereröffnet und beherbergt das neue Restaurant der mit zwei Michelin-Sternen ausgezeichneten Köchin Andrea Aprea.

5
KINOS
mit tollem Programm

376 **CINEMA BELTRADE**
Via Nino Oxilia 10
NoLo ⑤
+39 02 2682 0592
cinemabeltrade.net

Das ehemalige Kino der Kirche Santa Maria Beltrade entwickelte sich zu einer Institution für Fans des experimentellen Kinos, die Beiträge internationaler Festivals und Kultfilme präsentiert. Mitten im angesagten NoLo-Viertel.

377 **CINEMA CENTRALE**
Via Torino 30–32
5vie ②
+39 02 874 826
multisalacentrale.it

1907 als Mondial eröffnet, war dies das erste echte Multiplexkino Italiens. Die beiden Säle mit Gewölbedecken liegen im *Palazzo Grifi* aus dem 15. Jahrhundert, in dem wohl einst einmal Leonardo lebte. Insbesondere Arthouse-Filme.

378 **FONDAZIONE CINETECA ITALIANA – SPAZIO OBERDAN**
Viale Vittorio Veneto 2/Piazza Oberdan
Porta Venezia ⑤
+39 02 8398 2421
cinetecamilano.it/films/spazio-oberdan

In dem von der Architektin Gae Aulenti renovierten Gebäude ist der Hauptkinosaal der *Fondazione Cineteca Italiana* (Stiftung der Italienischen Kinemathek) untergebracht (200 Sitzplätze). Diese organisiert Filmfestivals, Filmvorführungen mit Regisseuren, Previews und Präsentationen von Kultfilmen. Voraussetzung für den Besuch der Vorführungen: Ticketkauf und Besitz einer Mitgliedskarte.

379 **CINEMA MEXICO**

Via Savona 57
Südwesten ⑨
+39 02 4895 1802
cinemamexico.it

Das Mexico-Kino verbindet man vor allem mit der *Rocky Horror Picture Show*, dem Kultklassiker Jim Sharmans von 1975, der hier seit 1976 ohne Unterbrechung zu sehen ist. Seit den 1980er-Jahren etablierte sich auch hier ein aus den USA stammender Trend, die Handlung auf der Leinwand unter Mitwirkung des Publikums quasi als Amateurdarsteller nachzuspielen. Ein Riesenspaß für alle!

380 **CINEMINO**

Via Seneca 6
Porta Romana ②
+39 02 3594 8722
ilcinemino.it

Dieser Kinoclub zeigt Arthouse- und Animationsfilme, Dokumentationen und Streifen ohne Verleih (nur für Mitglieder), aber auch Kurzfilme, Videoclips und neue Formen audiovisueller Medien. Sämtliche Filme laufen in Originalsprache mit Untertiteln, jeweils mehrere Filme am Abend mit anschließender Diskussion – am besten in der gemütlichen hauseigenen Bar, die allen offensteht.

5 lohnende Ziele für AUSSTELLUNGEN

381 **PALAZZO REALE**
Piazza del Duomo 12
Duomo, San Babila ②
+39 02 8844 5181
palazzorealemilano.it

Der Königliche Palast, seit Jahrhunderten Regierungssitz der Stadt, spielte in deren Geschichte eine zentrale Rolle. Nach einem Bombenangriff von 1943 blieb der *Salone delle Cariatidi* jahrelang ohne Dach den Elementen ausgesetzt. Ein Grund, weshalb Picasso zehn Jahre später hier sein Antikriegsgemälde *Guernica* zeigte. In der Zwischenzeit entwickelte sich das Gebäude zu einem wichtigen Ausstellungsort.

382 **GALLERIA D'ARTE MODERNA – GAM**
Via Palestro 16
Porta Venezia ①
+39 02 8844 5943
gam-milano.com

Das Gebäude der Galerie für Moderne Kunst von Leopoldo Pollack (Ende des 18. Jahrhunderts) gilt als ein Meisterwerk des Mailänder Klassizismus. Seit 1921 finden hier Ausstellungen moderner Kunst statt, vom Klassizismus (mit Canova oder Hayez) über die Romantik bis hin zur lombardischen Künstlergruppe Scapigliatura oder dem Divisionismus. Zu sehen ist hier auch die Sammlung Grassi mit Werken von Manet, Cézanne, van Gogh und Gauguin.

384 **MUSEO DEL NOVECENTO**

383 GALLERIE D'ITALIA

Piazza della Scala 6
Duomo, San Babila ②
+39 800 167 619
gallerieditalia.com

Der Sitz der Kunstschätze der Bank Intesa Sanpaolo. Das Basement der ehemaligen Halle der Banca Commerciale Italiana, ein riesiges Gewölbe, das vom Architekten Michele De Lucchi in ein Lager verwandelt wurde, beherbergt heute Kunstwerke, die man durch ein Metalltor sehen kann. Gelegentlich gibt es Führungen.

384 MUSEO DEL NOVECENTO

IM PALAZZO DELL'ARENGARIO
Piazza del Duomo
Duomo, San Babila ②
+39 02 8844 4061
museodelnovecento.org

Der von Griffini, Magistretti, Muzio und Portaluppi entworfene, 2010 von der Rota Group renovierte *Palazzo dell'Arengario* birgt 4000 Werke italienischer Kunst des 20. Jahrhunderts. Eine malerische Rundtreppe verbindet die Galerien und führt zu Giuseppe Pellizza da Volpedos Gemälde *Der Vierte Stand*. Eine faszinierende Reise, die mit Lucio Fontanas Installation *Neon* endet. Hier finden Sie auch De Chiricos originale *I Bagni Misteriosi*.

385 PAC – PADIGLIONE D'ARTE CONTEMPORANEA

Via Palestro 14
Porta Venezia ①
+39 02 8844 6359
pacmilano.it

Am Rand der ehemaligen königlichen Palastställe (GAM-Hauptquartier), die im Zweiten Weltkrieg bombardiert wurden, entwarf Ignazio Gardella einen Museumsraum, der durch ein großes Fenster mit dem Park verbunden ist. Heute einer der interessantesten Orte in der Stadt für Kunst- und Fotoausstellungen.

5
EVENTS,
die Sie nicht verpassen sollten

386 **MIART**
Fieramilanocity – Gate 5
Viale Scarampo
Westen ⑧
miart.it
fieramilano.it

Die Messe für internationale moderne und zeitgenössische Kunst und Antiquitäten im März oder April dient 200 Galerien aus dem In- und Ausland als repräsentatives Schaufenster und ist wichtiger Treffpunkt für Ausstellungsmacher und Museumsleute. »MiArt« organisiert auch die »Milano Art Week« mit Galerien in der ganzen Stadt, die am Wochenende geöffnet haben.

387 **PIANO CITY MILANO**
Verschiedene Orte
pianocitymilano.it

Ein Maiwochenende ist in der ganzen Stadt der Klaviermusik gewidmet – in Bürgerwohnungen, Hotels, freskenbemalten Museumsgalerien oder Straßenbahnen. Viele der klassischen und zeitgenössischen Musikkonzerte finden in Parks statt, wo die Leute in der Sonne sitzend die Musik genießen können. Zwei Tage mit Workshops, Improvisationen und Konzerten. Für einige muss man reservieren.

388 MITO SETTEMBREMUSICA

Verschiedene Orte
mitosettembremusica.it

Im September bieten die Städte Mailand (MI) und Turin (TO) eine gemeinsame Bühne für ein klassisches Konzertprogramm international renommierter Künstler. Eine besondere Gelegenheit für Kenner und »Neulinge« sich über Musik zu bilden. Zahlreiche Vorstellungen für Kinder und Jugendliche. Die Preise sind erschwinglich.

389 JAZZMI

Verschiedene Orte
jazzmi.it

Noch mehr (Jazz-)Musik im Herbst bei einer Veranstaltung, die das Publikum von Anfang an überzeugte. Das hochrangige Programm umfasst Konzerte weltbekannter Jazzikonen und junger Talente, die eine neue musikalische Sprache präsentieren. Auftritte in Theatern, Clubs, Konzertsälen und Kunstgalerien.

390 MILANO FILM FESTIVAL

Verschiedene Orte
+39 02 5401 9076
milanofilmfestival.it

Ein elftägiger Filmmarathon, der den Höhepunkt des Mailänder Herbstes bildet. Ab Ende September bringt das Mailänder Filmfestival das Beste italienischen und internationalen Independent-Kinos auf die Leinwand. Vorführungsorte sind BASE Milano, Mudec und Ducale Multisala, wo sich Regisseure, Filmliebhaber und Fans treffen.

391. GARTEN DER VILLA BELGIOJOSO

25 ERLEBNISSE FÜR KINDER

5 *Unternehmungen an der* FRISCHEN LUFT

391 **GARTEN DER VILLA BELGIOJOSO**
IN DER VILLA REALE
Via Palestro 8
Porta Venezia ①
gam-milano.com/en/villa/garden

Nur Erwachsene in Begleitung von Kindern erhalten Zutritt in den Englischen Garten der Villa Reale. In der Nähe des heutigen Spielplatzes liegt ein Teich, der Ende des 18. Jahrhunderts so angelegt wurde, dass man ihn nie ganz sehen konnte – ein Trick, der die Fantasie anregte. Besonders schön (und lehrreich!) ist auch der botanische Pfad (*Percorso Botanico*).

392 **GIARDINO PEREGO**
Via dei Giardini 7–9
Brera, Corso Garibaldi ①

Mailands kleinster Park liegt sehr zentral und ruhig, ist gut geeignet für einen Spaziergang mit Kinderwagen oder für Kinder, die spielen wollen. Sein Entwurf für die Familie Perego aus Cremnago (Ende 18. Jahrhundert) stammt von Luigi Canonica, der dafür den Garten des Klosters Sant'Erasmo mit einbezog. Später wurde das Areal von dem leitenden Gärtner Luigi Villoresi, der auch den Park der Villa Reale in Monza überarbeitete, in einen englischen Landschaftsgarten umgewandelt.

393 **GIARDINI PUBBLICI INDRO MONTANELLI**
BEI: BASTIONI DI PORTA VENEZIA
Corso Venezia
Porta Venezia ①

Ein ratternder Zug, Kreisverkehre, Spielmöglichkeiten, breite Wege zum Fahrradfahren und eine Bar, wo man sich einen Imbiss gönnen kann. Ältere »Jungs« stretchen mit Elastikbändern, machen Akrobatik auf den Wiesen, genießen ein Picknick oder sonnen sich. Der erste öffentliche Park der Stadt, Ende des 18. Jahrhunderts im französischen Stil entworfen, ist bei Mailändern sehr beliebt.

394 **BOSCOINCITTÀ**
BEI: CASCINA SAN ROMANO
Via Novara 340
Westen ⑧
+39 02 4522 401
boscoincitta.it

Der Vorstadtpark »Wald in der Stadt« (110 ha) um ein Gebäude aus dem 15. Jahrhundert besitzt überdachte Zonen für (Grill-)Partys, Kinderspielplätze, Gemüsegarten, Bäume, Sträucher, Blumen und Wildvegetation. Als erstes Beispiel verschiedener Wiederaufforstungsmaßnahmen wird er von der gemeinnützigen Organisation Italia Nostra verwaltet.

395 **FRUTTA IN CAMPO**
BEI: PARCO SUD
Via Caio Mario 53
Westen ⑧
fruttaincampo.it

Schnappen Sie sich einen Korb und schlendern Sie umher, um Obst zu sammeln (Bezahlung am Ausgang). Das Prinzip »Ernte in Selbstbedienung«, das sich am Stadtrand mit einem riesigen Tulpenfeld bewährt hatte, wurde auch vom städtischen Obstgarten adaptiert. Auf 2,5 Hektar Fläche kann man hier Aprikosen, Äpfel, Pflaumen, Birnen und Kirschen von 2000 Bäumen pflücken. Alles biologisch und natürlich immer frisch!

5 hübsche
KINDERLÄDEN

396 **LE CIVETTE SUL COMÒ**
Via Vittorio Salmini 4
Südosten ⑦
+39 02 4548 0697
lecivettesulcomo.com

Die Einrichtung eines Kinderzimmers mit Spielgelegenheiten war noch nie so einfach. Hier erhält man Möbel, Stühle, Polsterschemel, (Schreib-)Tische und Container aller Art. Und nicht zuletzt niedliche und lustige Objekte für den Tisch, die Mütterherzen schmelzen lassen.

397 **CROCHETTE**
Corso Garibaldi 44
Brera, Corso Garibaldi ①
+39 02 3674 3845
crochette.it

Ein Workshop für Kinder, gegründet von Marvi Castagna und Cristiana Seassaro, Mutter und Tochter. Marvi verfügt über jahrelange Erfahrung in der Textilbranche, während Stylistin Cristiana neben einem Abschluss in Architektur auch ausgeprägte Leidenschaft für Design mitbringt. Dazu hat sie gleich drei »Haus-Models« (ihre eigenen Kinder), einen Jungen und Zwillingsmädchen.

398 **TEO LAB**

Via Carlo Goldoni 57
Osten ⑥
+39 02 9925 0238

Bei Teo wird alles von Hand gefertigt, ohne Logo. Immer auf der Suche nach Kunsthandwerkern, arbeitet er zusammen mit italienischen und einigen wenigen ausländischen Marken, um Interessantes für den Verkauf zu finden. Vieles wird im Haus selbst produziert, wie Strickwaren und Accessoires fürs Kinderzimmer. Man bietet auch Kinderkleidung auf Bestellung an.

399 **DOUUOD KIDS**

Via Mercato 8
Brera, Corso Garibaldi ①
+39 02 8909 5093
douuodkids.com

Ein bequemer, lässiger, praktischer Stil aus weichen Stoffen, wie Fleece, Jersey und Baumwolle, in neutralen und Staubfarben. Alles wird in Italien gefertigt und spiegelt den sensiblen Stilgeschmack der Designerin Elisabetta Mambelli, die neben der Bequemlichkeit – ganz zeitgemäß – vor allem auf Form und Volumen achtet. Es gibt auch einen Onlineshop.

400 **MATIA'S BABY OUTLET**

Via Eugenio Balzan 2
Brera, Corso Garibaldi ①
+39 02 6208 7881
matiasfashionoutlet.wordpress.com

Auf über 300 m^2 findet man hier Designerkleidung für kleine zukünftige Fashionistas unter den gewölbten Decken eines Gebäudes im Zentrum des Brera-Viertels. Durchstöbern Sie die Regale nach Alltagsklamotten sowie Garderobe und Accessoires für feierliche oder gar förmliche Gelegenheiten. Einfach unwiderstehliche Kleidung (und Schuhe!) für den Nachwuchs.

5

INTERAKTIVE MUSEEN

401 **MUBA – MUSEO DEI BAMBINI**
Via Enrico Besana 12
Osten ⑥
+39 02 4398 0402
muba.it

Interaktive Ausstellungen, Workshops, in denen Materialien kreativ recycelt werden, kulturelle und künstlerische Aktivitäten für Kinder. Im Komplex der einstigen Kirche Rotonda della Besana (18. Jahrhundert) mit Buchhandlung (betrieben von Corraini) und Cafeteria.

402 **MUSEO CIVICO DI STORIA NATURALE**
Corso Venezia 55
Porta Venezia ⑤
+39 02 8846 3337

Am interessantesten sind sicherlich die Dinosaurierskelette mit Rekonstruktion eines Triceratops in Originalgröße. Doch auch der Gebäudekomplex selbst ist faszinierend, mit 23 Sälen und 3 Millionen Exponaten in Galerien und Depots. Ein etwas altmodisches Ambiente mit hochmodernen Kinder-Workshops.

403 **ACQUARIO CIVICO MILANO**
Viale Gerolamo Gadio 2
Cairoli, Castello ③
+39 02 8846 5750
acquariocivicomilano.eu

Ein Museum nicht nur für Kinder, auch wenn es speziell für sie Führungen und Lernangebote gibt. Ein Rundweg zur Erkundung der Welten unter Wasser, der Lebewesen, die sie bevölkern, unter der Fragestellung, wie man respektvoll damit umgeht. Ganz im Sinne der beteiligten Naturwissenschaftler und Biologen.

404 MUSEO NAZIONALE DELLA SCIENZA E DELLA TECNOLOGIA

Via San Vittore 21
Sant'Ambrogio ④
+39 02 4855 51
museoscienza.org

Hier können Sie ein U-Boot, die »S 506 Enrico Toti«, betreten, das Fragment eines bei der Apollo-Mission auf dem Mond gesammelten Felsen besichtigen oder den legendären Katamaran »AC72 Luna Rossa« vom America's Cup. Doch Kinder sind hier eigentlich die Stars, denen Führer bereitwillig sämtliche Fragen beantworten. Zu Themen wie: Menschen, Ernährung, Transportmittel und Robotik.

405 MUDEC – MUSEO DELLE CULTURE

Via Tortona 56
Südwesten ⑨
+39 02 549 17
mudec.it

Kinder werden zu Entdeckern, machen sich Notizen, beantworten Quizfragen und lernen spielerisch: in Abteilungen, die das ethno-anthropologische Erbe bewahren – anhand von Kunst, Objekten, Stoffen und Werkzeugen aus allen Kontinenten. Die Reise setzt sich fort in den Depots, die besichtigt werden können. Ein lehrreicher Spaß auch für Erwachsene.

404 MUSEO NAZIONALE DELLA SCIENZA E DELLA TECNOLOGIA

5 *Aktivitäten für*
KLEINE KÜNSTLER

406 **UNDUETRESTELLA**
Via Gian Battista Vico 1
Sant'Ambrogio ④
+39 02 8945 2445
unduetrestellababy.com

Es gibt kein festes Programm. »Unduetrestella« – nach dem Namen eines Kinderspiels – ist ein experimenteller Workshop für kleinere Kinder, der immer wieder innovative Verbindungen um Kunst und Kreativität findet. Während wichtiger Kreativmessen, wie »Salone del Mobile« oder Triennale, finden häufig Workshops statt.

407 **L'ARTÈ**
IM LABORATORIO DELLE ARTI
Via Bergognone 7
Südwesten ⑨
+39 02 4398 0151
laboratoriodellearti.org

Pinsel, Farben und Papier sind nur einige der Werkzeuge, die Valeria Giunta in ihrer künstlerischen Werkstatt einsetzt, damit Kinder und Jugendliche ihre Kreativität ausdrücken können, wobei sie sich von bedeutenden Künstlern wie Matisse, Kandinsky und Klee inspirieren lassen. An Samstagen gibt es künstlerische Workshops. Einige Veranstaltungen für Familien werden auch in englischer Sprache angeboten.

408 ATELIER CARLO COLLA & FIGLI

Via Montegani 35/1
Südosten ⑦
+39 02 8953 1301
marionettecolla.org

Die Aufführungen von »Carlo Colla & Figli«, einer bekannten Marionettenbühne, gehen weiter. Angeboten werden verschiedene pädagogische Aktivitäten und Workshops, die Kinder und Jugendliche in die faszinierende Welt der Marionetten einführen. Aktuelle Informationen zu Veranstaltungen jeweils auf der Website.

409 MUSEO DEL FUMETTO

BEI: GIARDINO ORESTE DEL BUONO
Viale Campania 12
Osten ⑥
+39 02 4952 4744
museowow.it

Das ehemalige Hauptquartier von Motta (Hersteller des berühmten Panettone) wird bevölkert von fiktiven Figuren, die nicht nur bei Kindern Anklang finden, sondern auch bei Erwachsenen, Künstlern, Verlegern oder Comic-Liebhabern. Am Sonntagnachmittag finden Workshops für Comic-Zeichnen statt. Hier kann der Nachwuchs zum Beispiel zu den Wurzeln der Mangas vorstoßen, Kostüme für Superhelden und -heldinnen entwerfen oder mit anderen Kindern zeichnen. Das Museum organisiert auch Partys zu verschiedenen Comicthemen.

410 RADIOMAMMA

radiomamma.it

»Radiomamma« ist eine der populärsten Websites, auf der Mütter Informationen aller Art finden, die für Eltern nützlich sind. Dienstleistungen, Kurse, Freizeitaktivitäten, familienfreundliche Restaurants und ähnliche Infos, die regelmäßig aktualisiert werden. Abonnieren Sie den Newsletter, wenn Sie sich längere Zeit in Mailand aufhalten.

5 lohnende Ziele für FUSSBALLFANS

411 **STADIO GIUSEPPE MEAZZA (SAN SIRO)**
Piazzale Moratti
Westen ⑧
+39 02 4879 8201
sansirostadium.com

Das Museum des einstigen *Stadio San Siro* erzählt die Vereinsgeschichte der Fußball-Kultclubs AC und Inter Mailand: Meistertrikots und -schuhe, Pokale und Memorabilien. Verbinden Sie die Tour mit einem Stadionbesuch (wenn keine Spiele stattfinden!). Infos dazu auf der Website.

411 STADIO GIUSEPPE MEAZZA (SAN SIRO)

412 **CASA MILAN**
Via Aldo Rossi 8
Westen ⑧
+39 02 6228 4545
casamilan.acmilan.com

Ein Museum speziell für Fans des AC Mailand, wo Kinder an 14 Touchscreens unterhaltsame Info-Touren unternehmen, Devotionalien im Shop finden und mit ihren Eltern im »Casa Milan Bistrot« essen können. Das volle Programm in Rot und Schwarz!

413 **MILAN STORE**
IN: GALLERIA SAN CARLO
Corso Vittorio Emanuele II
Duomo, San Babila ②
+39 02 4958 0176
store.acmilan.com

Teddybären im Vereinstrikot, Plüschbälle, Trainingsanzüge oder Bademäntel für ältere Kinder und Erwachsene. Viele autorisierte Produkte lassen sich hier im Megastore des AC Mailand Kundenwünschen anpassen. Vor Ort im Stadtzentrum oder auch online erhältlich.

414 **INTER STORE**
Galleria Passarella 2
Duomo, San Babila ②
+39 02 7601 6297
store.inter.it

Schwarz-Blau heißt die Devise im Fanshop von Inter Mailand, der eine ganze Reihe von Schnickschnack für Fans von des italienischen Spitzenclubs anbietet (gegründet 1908). Von Smartphone-Hüllen und Fan-Caps über Rucksäcke und Sportbekleidung bis hin zu Tassen und signierten Shirts.

415 **ARENA CIVICA GIANNI BRERA**
IM PARCO SEMPIONE
Viale Giorgio Byron 2
Cairoli, Castello ③
fondambiente.it

Benannt nach dem Sportjournalisten Gianni Brera, ist Italien älteste Sportarena seit über 20 Jahren Heimat des Fußballclubs Inter Mailand, der hier u. a. die italienische Meisterschaft und den Supercup gewann. Eröffnet wurde das Amphitheater 1807 in Anwesenheit Napoleons mit einer nachgestellten Seeschlacht.

25 ORTE ZUM ÜBERNACHTEN

5
GÜNSTIGE HOTELS

416 OSTELZZZ

Via Giorgio Jan 5
Porta Venezia ⑤
+39 333 163 0121
ostelzzz.com

Im »Ostelzzz«, einem Spin-off des Start-ups ZZZleepandGo (das Schlafkabinen an den Flughäfen Malpensa und Orio al Serio vermietet), schläft man zwar sehr beengt, das jedoch mitten in der Stadt. Daneben gibt es Gemeinschaftsräume. 100 »Kapseln« und mehrere Standardzimmer.

417 OSTELLO BELLO

Via Medici 4
5vie ②
+39 02 3658 2720
ostellobello.com

Nur einen Katzensprung von Dom und Colonne di San Lorenzo, einem der belebtesten Plätze zur *Aperitivo*-Zeit. Hier kann man gut entspannen, etwas trinken und sich am reichhaltigen Büfett stärken. Ausgezeichnet als bestes Hostel Italiens.

418 BABILA HOSTEL

Via Conservatorio 2-A
Porta Romana ②
+39 344 003 7423
babilahostel.it

Das moderne Hostel im historischen Gebäude (1896) einer katholischen Lehranstalt mit schöner Terrasse (Blick über die Dächer Mailands!) wurde 2017 nach gründlicher Renovierung eröffnet. Großzügige Zimmer mit Duschbad. Bar und Bistro.

419 **MADAMA HOSTEL & BISTROT**

Via Benaco 1
Südosten ⑦
+39 02 3672 7370
madamahostel.com

Die einstige Polizeistation nahe der Fondazione Prada wurde 2015 in ein *Ostello* umgewandelt. In einer Gegend, wo es kaum Bars und Restaurants gibt, wird hier gute Küche am Gemeinschaftstisch serviert (nicht nur für Gäste). Beliebt bei Musikern: Der Kellerclub veranstaltet Livemusik-Events.

420 **GOGOL' OSTELLO & CAFFÈ LETTERARIO**

Via Chieti 1
Nordwesten ⑩
+39 02 3675 5522
gogolostellomilano.com

Ein buntes, modernes, unkompliziertes Hostel, das Begegnungen, Austausch und Freundschaften unter Reisenden dienen soll. Im Literarischen »Caftè« (sic!) finden Buchpräsentationen, Ausstellungen, Performances und kulinarische Events statt. Vier Schlafzimmer mit Bad oder zwei Schlafsäle.

417 **OSTELLO BELLO**

5
BOUTIQUE-HOTELS

421 **STRAFHOTEL&BAR**
Via San Raffaele 3
Duomo, San Babila ②
+39 02 805 081
straf.it

Ein für Hotels ungewöhnliches Interior Design schuf Innenarchitekt Vincenzo De Cotiis, der im Industrial Style mit einem Schuss Arte Povera 64 Hightech-Räume in minimalistische Refugien verwandelte. Beliebt vor allem in der Modeszene, auch wegen der Straßenbar, wo zum *Aperitivo* oft DJ-Sets geboten werden.

425 **SAVONA 18 SUITES**

422 **NYX HOTEL MILAN**
Piazza IV Novembre 3
Nordosten ⑤
+39 02 2217 5500
nyx-hotels.it/milan

Eine ehemalige Philips-Niederlassung nahe dem Hauptbahnhof wurde zum Vier-Sterne-Hotel (299 Zimmer). Man wollte ein Ambiente schaffen, bei dem lokale Künstler federführend sind, wie auch in der Galerie, die Werke Mailänder Straßenkünstler verkauft. Auch die Einrichtung ist »made in Italy«.

423 **ROOM MATE GIULIA HOTEL**
Via Silvio Pellico 4
Duomo, San Babila ②
+39 02 8088 8900
room-matehotels.com/it/giulia

In dem historischen Gebäude aus dem 19. Jahrhundert fühlt man sich gleich zu Hause. Die 85 Zimmer und öffentlichen Bereiche entwarf die bekannte Spanierin Patricia Urquiola mit Designermöbel und auffälligen Farbakzenten. Nicht weit von Dom und Scala.

424 **HOTEL VIU MILAN**
Via Aristotile Fioravanti 6
Nordwesten ⑩
+39 02 8001 0910
hotelviumilan.com

Das jüngst eröffnete Hotel verfügt über eine beliebte Dachterrasse mit Bar und Swimmingpool (ausschließlich für Hotelgäste und Privatveranstaltungen). Die 124 Zimmer auf acht Etagen stattete die Firma Molteni aus, Chefkoch des Restaurants ist Giancarlo Morelli.

425 **SAVONA 18 SUITES**
Via Savona 18
Porta Genova ⑨
+39 02 2555 201
savona18suites.it

Das typische Mailänder Wohngebäude wurde von Aldo Cibic sorgfältig renoviert, der es weitgehend erhielt, ihm jedoch ein zeitgemäßes Aussehen verlieh. Die Räume wurden ausgestattet mit Design und Kunst, die 43 Zimmer mit Vintage-Objekten.

5 *Hotels mit*

BESONDEREM CHARME

426 **MAISON MILANO | UNA ESPERIENZE**
Via Giuseppe Mazzini 4
Duomo, San Babila ②
+39 02 726 891
gruppouna.it

Sehr zentral gelegen an der Ecke der Piazza Duomo mit nur 27 schlicht und hell eingerichteten Zimmern. Ein über einen separaten Aufzug erreichbarer Raum führt zu einer romantischen Penthouse Suite. Für eine besonderes Erlebnis – mit Blick auf die *Madonnina*.

427 **PALAZZO SEGRETI**
Via San Tomaso 8
Cairoli, Castello ③
+39 02 4952 9250
palazzosegreti.com

Alle 18 Zimmer des zentral gelegenen Palazzo (mit Designobjekten, bequemen Betten und gezielt gesetzten Farbakzenten) blicken auf eine lange Geschichte zurück. Auch die Suiten in einem weiteren Gebäude (Via Maurizio Quadrio 15; nicht weit von den Wolkenkratzern der Porta Nuova) sind makellos eingerichtet.

428 **SANTA MARTA SUITES**
Via Santa Marta 4
5vie ②
+39 02 4537 3369
santamartasuites.com

Versteckt in den Gassen der Altstadt heißt das kürzlich restaurierte Haus seine Gäste warmherzig willkommen: in einem Wohnraum mit Kamin, originalen Fußböden und antiken Holzschubladen. Eine schöne Wohnung mit Essecke, Suiten und opulent ausgestattete Zimmer. Es gibt auch eine Dachterrasse.

429 **MAISON BORELLA**
Alzaia Naviglio Grande 8
Porta Genova ⑨
+39 02 5810 9114
hotelmaisonborella.com

Das Vier-Sterne-Hotel in einem einstigen Wohnhaus mit Innenhof und Blick auf die Navigli-Kanäle, dank Schallisolierung angenehm ruhig, konnte sich viel von seinem urigen alten Charme bewahren. Decken mit Holzbalken, Holzvertäfelung und Stilmöbel. Hell mit Hartholzböden.

430 **ANTICA LOCANDA DEI MERCANTI**
Via San Tomaso 6
Cairoli, Castello ③
+39 02 8054 080
locanda.it

Die Strenge des Gebäudes aus dem 18. Jahrhundert wird gemildert durch das edle, helle Interieur. 15 Zimmer, edel eingerichtet mit hellen Stoffen, leichten Möbeln und Holzböden. Drei davon haben Terrassen mit vielen Blumen, wo man Frühstück oder einen Drink genießt. Alle Räume sind hell und ruhig, einige verfügen über eine Küchenzeile.

427 PALAZZO SEGRETI

5 Pensionen mit GRÜNEN AUSSENRÄUMEN

431 **ROSSOSEGNALE B&B**
Via Sacchini 18
Osten ⑥
+39 02 2952 7453
rossosegnale.it

Das Beherbergungsprojekt in einem Gebäude aus dem frühen 20. Jahrhundert, in einem Gartenviertel angesiedelt, bietet seinen Gästen drei Zimmer, eine kleine 3001-LAB-Galerie (mit Zwischengeschoss für Ausstellungen aufstrebender junger Künstler) und eine Terrasse mit Solarium. Den Betreibern gehört auch das neue »RossoSegnale Milano Loft«, ein ehemaliges Fotostudio in Ticinese (Via San Vincenzo 34-A).

432 **LAFAVIA MILANO**
Via Carlo Farini 4
Nordwesten ⑩
+39 347 784 2212
lafaviamilano.com

In einem Gebäude aus dem 19. Jahrhundert, nicht weit von Isola-Viertel und Porta-Nuova-Distrikt. Es gibt hier nur vier Zimmer, die alle sehr geschmackvoll mit Vintage-Möbeln und Designobjekten eingerichtet sind. Das delikate Frühstück mit Bio-Produkten wird im Sommer auf der Veranda mit vielen Grünpflanzen serviert.

433 **BRONZINO HOUSE**
Via Bronzino 20
Osten ⑥
+39 334 388 6892
bronzinohouse.it

Im Dachgeschoss eines typischen Mailänder Wohnhauses (Anfang 20. Jahrhundert) liegen die beiden Apartments mit Doppelbett-Schlafräumen und Blick auf einen schönen grünen Innenhof, die jeweils über ein eigenes Bad verfügen. Ein helles Wohnzimmer (mit kleiner Küchenzeile), wo das Frühstück serviert wird, blickt auf die Terrasse. Vintage-Möbel und Leinenwäsche des Luxuslabels Frette.

434 **LA TERRAZZA DI ROMEO**
Via Giulio Uberti 5
Osten ⑥
+39 366 275 1233

Das Gebäude im Città-Studi-Viertel – dem lebendigen Distrikt rund um die Universität – verbirgt eine gepflegte Pension mit antiken Möbeln und Terrasse. Das Frühstück ist hier besonders gut: Man bekommt es draußen serviert, auf hübschem Porzellan mit Zinnkaraffen.

435 **TROVAILTEMPO**
Via Novara 216
Westen ⑧
+39 339 502 1730
trovailtempoatelierdeisogni.com

Betreiberin Barbara, die sich für Kunst und Journalismus interessiert, verwandelte ein Wohnhaus mit Garten in einen romantischen Rückzugsort. Vier Zimmer, jeweils zu zweit verbunden, sind mit Wasserkocher und Kühlschrank (mit frischen Lebensmitteln zum Frühstück) ausgestattet. Auch ein großes Apartment mit Küche. Das Label »Atelier dei Sogni« verkauft Objekte à la France und maßgeschneiderte Tischdecken.

5 Übernachtungsmöglichkeiten
WIE ZU HAUSE

436 **CAMPERIO SUITES & APARTMENTS**
Via M. Camperio 9
Cairoli, Castello ③
+39 02 3032 2800
camperio.com

Das Projekt verdankt sich dem ästhetischen Gespür zweier Frauen: Lesley Severgninis und ihrer Mutter, der Designerin Kazuko Hase. Die geschmackvollen Zimmer, ausgestattet mit Einzelstücken, Antiquitäten und Designobjekten, tragen dem antiken Gebäude Rechnung. Mehrere Suiten (jeweils mit Küche und Wohnraum).

437 **BRERA APARTMENTS**
Verschiedene Stadtviertel
+39 02 3655 6284
brerapartments.com

Ferienwohnungen sind zunehmend gesucht, denn sie verheißen Unabhängigkeit, Privatsphäre und Insider Feeling. Brera Apartment besitzt Häuser in diversen Stadtteilen, alle zentral gelegen: Duomo, San Babila, Brera, Corso Garibaldi, Porta Venezia und Porta Romana.

438 **ADORABILE**
Via Bramante 14
Quartiere Cinesi ⑩
+39 392 739 8826
adorabile.it

In dem Gebäude aus den 1930ern haben die Raumnamen einen Bezug zur Stadt: *Zafran* (»Safran«; einst die Küche) etwa spielt auf das wichtigste Gewürz des *Risotto alla milanese* an. Charmant, stilvoll und gemütlich (Vintage und modernes Design).

439 LA CASA DI ALICE

Via Galvano
Fiamma 40
Osten ⑥
+39 02 7012 3253
residence
lacasadialice.it

In einer eleganten Gegend nicht weit vom Zentrum, günstig gelegen auch für Reisende, die am Flughafen Linate ankommen, verfügt diese Residenz über 15 Apartments mit zwei Zimmern und ein Studioapartment (ausgestattet mit Designobjekten), die man kurzfristig mieten kann. In der Lobby kann man gut lesen oder sich bei einem Kaffee entspannen.

440 CIPROSETTE

Via Cipro 7
Osten ⑥
ciprosette.it

In einem gepflegten Wohnviertel (10 Trambahn-Minuten vom Dom) bietet CiproSette drei Wohnoptionen: Doppelzimmer mit Bad, Studio mit riesigem Foto der Galleria Vittorio Emanuele II und Zwei-Zimmer-Apartment (mit voll ausgestatteter Küche). Dank vieler guter Tipps der Eigentümer werden Sie sich in dem lebhaften Viertel bald wie zu Hause fühlen.

436 CAMPERIO SUITES & APARTMENTS

35 AKTIVITÄTEN FÜRS WOCHENENDE

5 Läden mit interessanten
WORKSHOPS

441 **LES CHOURETTES**
Corso San Gottardo 8, Innenhof, Sprechanlage 22
Südwesten ⑨
+39 348 918 4130
leschourettes.it

Ester und Stella nannten ihr Geschäft »Les Chourettes«, in Anspielung auf den Begriff *sciurette*, im Mailänder Dialekt die Verkleinerungsform von »Damen«, für die man hier Kleider maßschneidert. Und dieser Ort ist tatsächlich nicht weit von einem Schneideratelier entfernt, denn hier kann man lernen, selbst Kleidung und Accessoires zu fertigen. Bereit, selbst die Nähmaschine zu starten?

442 **LE MERCERIE DAL 1987**
Via Terraggio 21
Cairoli, Castello ③
+39 02 4770 2726

Stoffe, Posamenten, Borten, Garn und Knöpfe in sämtlichen Farben. Wenn Sie gerne sticken oder nähen, finden Sie hier sicherlich etwas, das Ihnen gefällt. Besitzerin Sabine veranstaltet Kurse, in denen Frauen lernen können, wie man Kleidung mit Langetten- oder Kreuzstich und Spitze fertigstellt, auch Sachen für Kinder, nach Mustern, die man sich in der Baby-Ecke aussucht.

443 **SPAZIO BATTIBALENO**
Via Padova 244
Osten ⑥
+39 02 2305 5660
spaziobattibaleno.it

»*In un battibaleno*« bedeutet »im Handumdrehen«. Dieser Laden verkauft Werkzeuge und Hobbymaterialien, bietet aber auch Kurse und Workshops an. Sie können – persönlich oder online – neben anderem lernen, wie man Papierkunst oder Objekte aus Wolle und Filz herstellt und wie man mit Keramikpulver oder Harzen arbeitet. Einzige Grenze ist Ihre Fantasie.

444 **SPAZIO B**K**
Via L. P. Lambertenghi 20
Isola ⑩
+39 02 8706 3126
spaziobk.com

Bibliothekarin Chiara und Buchhändlerin Diletta eröffneten einen Werkstatt-Buchladen mit neuen und gebrauchten illustrierten Büchern für Kinder und Erwachsene sowie Publikationen zu Grafik und Design. Daneben veranstalten sie Workshops und Kurse zur Symbolik der Bildsprache. Auch ein guter Ort, um im Eigenverlag veröffentlichte Bücher oder handwerklich hergestellte Papeterie zu kaufen.

445 **BRICHECO**
BEI LA STECCA
Via G. De Castillia 26
Isola ⑩
bricheco.org

Haben Sie je von einer eigenen Holzwerkstatt mit sämtlich Werkzeugen geträumt? Dann ist dies der perfekte Ort für Sie! Ein Verein mit dem Ziel, sich gegenseitig Fertigkeiten beizubringen und sich zu unterstützen. Und wo man Kurse abhält, um entsprechendes Geschick zu lernen oder zu verbessern. Auch für Kinder gibt es Angebote.

5 *Ziele für* AKTIVEN SPORT

446 **SKIFAHREN**
IN BORMIO, LIVIGNO ODER AM STILFSER JOCH
bormioski.eu
skipasslivigno.com
valtellina.it

Die nordöstlich gelegenen Skiregionen Bormio (Austragungsort von Weltcup-Rennen) und Santa Caterina Valfurva sind besonders populär. Livigno auf dem höchsten Plateau Europas liegt noch weiter nördlich. Sie können auch Schneemobil- und Hundeschlittentouren buchen. Ein Sommerskigebiet ist das Stilfserjoch (*Passo dello Stelvio*).

447 **TREKKING ITALIA**
Via Santa Croce 2
Ticinese ②
+39 02 8372 838
trekkingitalia.org/web/lombardia

Geführte Trekking-Touren eines Vereins, der das Ziel verfolgt, »der Natur zu begegnen, sie zu entdecken, respektieren und verteidigen«. Seine aktive Mailänder Sektion organisiert auch Gruppenausflüge in die nahen Berge.

448 **YOGA FESTIVAL**
yogafestival.it

Der Yoga-Hype ging an Mailand nicht vorbei, auch dank dieses Festivals im Herbst, mit Konferenzen, Seminaren, Kursen und Begegnungen. Themenschwerpunkte: Tradition, aktuelle Praktiken oder neuere Entwicklungen. Auch international bekannte Yoga-Lehrer sind oft dabei.

449 JOY MOVES

Via Valparaiso 9
Südwesten ⑨
+39 351 9888 383
joymoves.it

Roberta Pedretti unterrichtet eine neue Trainingsmethode, die sie auch als eine der Ersten nach Italien brachte: ELDOA. Die Technik wurde von einem französischen Osteopathen für Personen mit Rückenproblemen entwickelt und dient auch zu deren Vorbeugung. Weitere Angebote sind Yoga, Gyrotonic und TRX (Total Body Resistence Exercises).

450 LOTUS POCUS

Via Guglielmo Pepe 36
Isola ⑩
+39 393 9844 025
lotuspocus.com

Das Yoga- und Tai-Chi-Zentrum im quirligen Stadtviertel Isola wird von Tess Privett geführt. Die Lehrerin für Hatha-Yoga bietet die Kurse auf Italienisch und Englisch an. Daneben gibt es Unterricht in Tai-Chi, Vinyasa- und Anusara-Yoga sowie Pilates. Kurse und Lehrerinnen werden auf der Website vorgestellt.

446 LIVIGNO

5 *Aktivitäten beim*
SIGHTSEEING

451 **TOUR DE ARCHITEKTUR**
Piazza Gae Aulenti
Nordwesten ⑩

Treppen, Gehwege, rauf und runter: in Turnschuhen, auf Rollerskates oder per Fahrrad (überall Aufzüge). Sich zwischen moderner Architektur sportlich zu bewegen macht einfach Spaß. Vom *Torre Diamante* (Kohn Pedersen Fox) zum *UniCredit Tower* (César Pelli; *unicredit.it*), dann weiter Richtung Isola. Schauen Sie hinauf zum spektakulären *Bosco Verticale* (Stefano Boeri Architetti), bis Sie sich schließlich am *Palazzo Lombardia* von I. M. Pei wiederfinden.

452 **NAVIGLIO MARTESANA**
Nordosten ⑤

Sobald es wärmer wird, tummeln sich Jogger, Radler und Familien beim Spaziergang an dem historischen Kanal. Startpunkt des Fahrradwegs: *Cassina de' Pomm* (Viale Gioia 194), wo eine Glyzinie an der Fassade einer Trattoria rankt. Weiter am Naviglio entlang führt der Radweg bis nach Lecco am Comer See. Empfehlenswerter Stopp: *Tranvai* (Via Tirano/Via Zuretti 71), eine zum Kiosk umgebaute ehemalige Straßenbahn.

453 **WERFTEN-RUNDFAHRTEN**
VERANSTALTER: NAVIGAMI
Alzaia Naviglio Grande 4
Porta Genova ⑨
+39 02 867 131
navigami.com

Die Boote starten am Alzaia Naviglio Grande, in der Nähe des *Vicolo dei Lavandai,* und fahren am Palazzo Galloni und der Kirche San Cristoforo sul Naviglio vorbei. Unter der Brücke *Mulino Scodellino* geht es zurück zum Dock, zum *Naviglio Pavese* und zur alten Schleuse *La Conchetta* (an deren Konstruktion Leonardo da Vinci beteiligt war). Dauer: 1 Stunde.

454 **TRENOBLU**
+39 338 857 7210
ferrovieturistiche.it/it/trenoblu

Eine Dampflokomotive mit Originalanhängern aus den 1930ern nimmt Touristen mit auf eine Zeitreise in gemächlicherem Tempo. Sie schlängelt sich am Oglio-Fluss entlang zum Iseo-See (*Lago d'Iseo*). Sie können dort in einem der Restaurants eine Pause einlegen und eine gebratene Schleie probieren oder auf dem See zur Insel Monte Isola segeln.

455 **CASCINA GUZZAFAME**
Località Cascina Guzzafame
Gaggiano
+39 345 059 2882 (Streichelzoo)
cascinaguzzafame.it

Mit dem Auto am *Naviglio Grande* entlang nach Westen erreicht man Gaggiano, wo man sich wie auf dem Lande fühlt. Im Lehrbauernhof mit rustikaler Trattoria und Streichelzoo kann man einen Streifzug durch den Gemüsegarten machen oder einen Yoga-Kurs. Besuchen Sie auch den Milchladen, bevor Sie wieder heimfahren.

5 Tipps für den

LAGO DI COMO

456 **COMO: SEILBAHN NACH BRUNATE**
visitcomo.eu

Der Hauptort Como birgt in seinen Mauern einen Dom (mit spätgotischer Fassade und Vierungskuppel von Filippo Juvarra) und das Stadthaus Broletto (13. Jahrhundert) mit polychromem Marmor aus lokalen Steinbrüchen. Nicht verpassen sollten Sie auch den Palast von Giuseppe Terragni, eine Ikone des Razionalismo (1930er-Jahre). Tipp: Genießen Sie den See von oben: von der Seilbahn nach Brunate.

457 **DAMPFER-RUNDFAHRT**
AUSGANGSPUNKT: COMO
Navigazione Laghi
+39 031 579 211
navigazionelaghi.it

Die schönste Rundfahrt führt um den See an Bord des vor Kurzem restaurierten Dampfers »Concordia«, vorbei an den Villen von Bellagio, Varenna und Menaggio. Der Aeroclub Como wiederum bietet den Thrill eines Rundflugs mit Wasserlandung (*aeroclubcomo.com*).

458 WANDERN ÜBER TORNO

Torno (Como)

Der kleine Hafen Torno ist von Como aus mit dem Boot erreichbar (nördlich am Ostufer). Lassen Sie dort See, Kirche und Bar hinter sich, um den alten Saumpfad zu erklimmen. Von dort öffnet sich ein herrlicher Blick auf See und Berge, während Sie durch Wälder zwischen alten Siedlungen in vollkommener Stille immer höher steigen.

459 MUSEO DELLA SETA COMO

Via Castelnuovo 9
Como
+39 031 303 180
museosetacomo.com

Die Geschichte der Seidenweberei reicht zurück bis ins 15. Jahrhundert – ein Handwerk, das im Zuge der Industriellen Revolution am Ufer des Comer Sees eine Blütezeit erlebte. Im Seidenmuseum von Como oder im dortigen Textilmuseum Museo del Tessuto der Fondazione Ratti (Via Cernobbio 19; *fondazioneratti.org)* erfährt man alles Wissenswerte. Voranmeldung erforderlich.

460 VILLA DEL BALBIANELLO

Via Comoedia 5
Tremezzina (Como)
+39 034 456 110
fondoambiente.it/luoghi/villa-del-balbianello

Nehmen Sie die Fähre von Varenna zum gegenüberliegenden Ufer und stoppen Sie dann beim Abstieg nach Como an der Villa del Balbianello. Die Villa samt ihrem wunderschönen Park diente als Kulisse für einen der *Star-Wars*-Filme. Sie können auch das Städtchen Laglio besuchen. Und vielleicht treffen Sie sogar George Clooney.

5 nahe Orte für
WEIN & LEBENSMITTEL

461 **FRANCIACORTA**
franciacorta.net
franciacortainfiore.it

Ein Wochenende in einem immer beliebter werdenden Weinanbaugebiet mit DOCG-Status. Besuchen Sie die Schaumweinkeller, von denen einige zeitgenössische Kunst enthalten, und Weinberge, und machen Sie unterwegs Halt in Schlössern und Klöstern. Auch als Fahrradtour zu unternehmen, in den sanften Hügeln zwischen Rovato und Cazzago San Martino (etwa 60 km).

462 **OLTREPÒ PAVESE**
vinoltrepo.org

Auf der Karte ähnelt das Hügelland im Süden der Lombardei im Umriss einer Weintraube. Zwischen Gehöften, Villen des 19. Jahrhunderts, Pfarrkirchen und Schlössern ziehen sich die Reben in dichten Reihen Richtung Apennin. Probieren Sie die traditionellen *Oltrepò Pavese-DOCG*-Weine und *Cruasé* (»Cru« und »Rosé«; DOCG-Schaumweine) sowie den *Bonarda dell'Oltrepò Pavese* DOC, der gut zur kräftigen *Salame di Varzi* passt.

463 **VALTELLINA (VELTLIN)**

valtellina.it
valtellinawinetrail.com

Im Valtellina-Alpental (Veltlin) gibt es hervorragende Spezialitäten, wie Hartkäse (*Valtellina Casera* und *Bitto* DOP), Schinken (*Bresaola* IGP) und Buchweizennudeln (*pizzoccheri*). Man genießt sie mit großartigen Weinen, deren Trauben an unzugänglichen Orten wachsen. Alles erhältlich bei Fratelli Ciapponi in Morbegno (*ciapponi.com*). Hier findet im Herbst auch der »Valtellina Wine Trail« statt: ein Wettlauf durch die Weinberge.

464 **MANTUA**

turismo.mantova.it

Die geschichtsträchtige Aristokratenstadt Mantua wurde um den Palazzo Ducale angelegt (mit Mantegna-Fresken in der *Camera degli Sposi*). Eine kulinarische Tradition, die schon vom Hofe begründet wurde, sind *Tortelli della zucca* (mit Kürbis und amaretti). Und Sbrisolona, ein knuspriges Mandelgebäck, ist einfach unerreicht.

465 **PARMA**

Comune di Parma
Piazza Garibaldi 1
+39 052 121 8889
turismo.comune.parma.it

Wer kann schon Parmesan (*Parmigiano Reggiano*) und Parma-Schinken (*Prosciutto di Parma*) widerstehen? Die UNESCO hat Parma deshalb zur Stadt der Gastronomie erklärt. Die Stadt ist das Zentrum des italienischen »Food Valley« mit den meisten regionalen Produkten. Ein Reiseziel, das Appetit macht …

5 *sehenswerte*

VILLEN MIT PARK

466 **VILLA ARCONATI**
NAHE DER FONDAZIONE AUGUSTO RANCILIO
Via Fametta 1
Castellazzo di Bollate
Bollate (MI)
+39 393 868 0934
villaarconati-far.it

Ein Besuch des »italienischen Versailles« (17./18. Jahrhundert) umfasst Museum und Bibliothek, das monumentale Treppenhaus hinauf zum Hauptgeschoss (mit opulentem Freskenzyklus der Brüder Galliari, Bühnenbildner des Mailänder Teatro Ducale). Der restaurierte Rote Saal im Stil der Neogotik wurde vor einigen Jahren wiedereröffnet.

467 **VILLA REALE DI MONZA**
Viale Brianza 1
Monza (MB)
+39 039 224 0024
villarealedimonza.it

Das von einem jahrhundertealten Park umgebene Schloss gab Ferdinand von Habsburg 1777 bei Giuseppe Piermarini als Landsitz in Auftrag. Außergewöhnlich ist der Rosengarten (4000 Sorten), bester Besuchsmonat der Mai.

468 **VILLA MENAFOGLIO LITTA PANZA**
Piazza Litta 1
Varese (VA)
+39 033 228 3960
fondoambiente.it/luoghi/villa-e-collezione-panza

Die bezaubernde Villa auf einem Hügel ist von einem italienischen Park umgeben, dessen Ursprünge ins 18. Jahrhundert zurückreichen. Sie beherbergt heute die Sammlung, die Graf Giuseppe Panza dem Denkmalschutzverein FAI schenkte (*Collezione Panza*: zeitgenössische amerikanische Kunst).

469 **VITTORIALE DEGLI ITALIANI**

Via del Vittoriale 12
Gardone Riviera (BS)
+39 0365 296 511
vittoriale.it

Im Park der Villa (betreut von Grandi Giardini Italiani) ragt ein Panzerkreuzer in den See – nur eine der Absonderlichkeiten des Anwesens, das der exaltierte Schriftsteller Gabriele d'Annunzio (1863–1938) ab 1921 bewohnte und gestaltete. Besichtigen kann man die Villa (*Prioria*) und ein Museum im Park.

470 **ISOLA BELLA – LAGO MAGGIORE**

+39 032 393 3478
isoleborromee.it

Erleben Sie die zu den *Isole Borromee* zählende Insel im Lago Maggiore außerhalb der Öffnungszeiten von *Palazzo Borromeo* und Park einmal ganz erholsam, abseits des Touristenlärms: beim Abendessen im »Fornello«, einer »Bodega mit Küche«. Übernachten kann man anschließend im Dorf, in ehemaligen Fischerhäusern.

467 VILLA REALE DI MONZA

5 der 10 lombardischen
UNESCO-STÄTTEN

471 **BERGAMO**
ACCADEMIA CARRARA
Piazza Giacomo Carrara 82
+39 035 234 396
visitbergamo.net
lacarrara.it

Die 5 km lange venezianische Stadtmauer (16. Jahrhundert) zählt seit 2017 zum UNESCO-Welterbe. Folgen Sie ihr in der Oberstadt (auch mit der Standseilbahn erreichbar) bis zur *Cappella Colleoni* (15. Jahrhundert) auf der Piazza Vecchia, die Le Corbusier als schönsten Platz Italiens bezeichnete. In der Unterstadt befindet sich die sehenswerte *Accademia Carrara*.

471 BERGAMO

472 **VILLAGGIO CRESPI D'ADDA**

Crespi d'Adda (BG)
+39 02 9098 7191
villaggiocrespi.it

»Juwel der Industriearchitektur«, von der Familie Crespi neben ihrer Textilfabrik am Adda-Fluss errichtet. Arbeiter und Familien hatten dort Häuser mit Gemüsegärten. Es gab Warmwasser, Arzt, Waschhaus und Schule. Zu besichtigen ist auch der Dorfriedhof.

473 **SAN SALVATORE-SANTA GIULIA**

Via dei Musei 81-B
Brescia (BS)
+39 030 297 7833
bresciamusei.com/santagiulia

»Langobarden in Italien«: Der monumentale Komplex des ehem. Klosters *San Salvatore-Santa Giulia* wurde 773 vom späteren Langobardenkönig Desiderius gegründet (mehrere Kirchen und Kreuzgänge). Sehenswert ist auch die *Pinacoteca Tosio Martinengo* (Piazza Moretto 1; *brescia-musei.com*) mit Werken von Raffael, Romanino, Hayez und Canova.

474 **SABBIONETA**

turismo.mantova.it

Sabbioneta zählt mit Mantua zum UNESCO-Welterbe. Mitte 16. Jahrhundert wurde die kleine unabhängige Stadt von Vespasiano Gonzaga als erste vollständige Neugründung und ideale Renaissancestadt angelegt. Erhalten hat sich die Stadtmauer auf sechseckigem Grundriss.

475 **CREMONA**

turismocremona.it

Welterbe traditioneller Geigenbau. Violinen erklingen in 150 Geigenläden oder im *Museo del Violino* (*museodelviolino.org*). Zu besonderen Anlässen kann man im *Auditorium* mit perfekter Akustik historische Instrumente hören. Ebenfalls interessant: *Duomo* mit *Torrazzo Torrazzo*, einem der höchsten Backstein-Glockentürme.

 »LUNGO COME LA FABBRICA DEL DUOMO«
SKULPTUREN IM DOMMUSEUM

25 WICHTIGE UND UNWICHTIGE FAKTEN

5 Formen städtischer MOBILITÄT

476 **ATM: AZIENDA TRASPORTI MILANESI**
atm.it
atmosfera.atm.it

Das Nahverkehrsunternehmen *Azienda Trasporti Milanesi* (ATM) betreibt Bus-, Tram- und U-Bahnlinien (*Metropolitana*; vier Linien, eine weitere im Bau). Man erhält Einzeltickets (90 Min.; einfache U-Bahn-Fahrt) oder Tagespässe. Berechnung der Routen und Haltestellen auf der Website oder per App. Im Trambahnrestaurant *ATMosfera* können Sie sich beim Essen durch die Stadt gondeln lassen (etwa 2,5 Std.). Wenn Sie eine SMS mit ATM an 48444 senden, erhalten Sie Ihr Ticket aufs Handy und müssen nicht anstehen.

477 **MIETFAHRRÄDER**
bikemi.com
mobike.com

BikeMi, Mobike und ofo (Facebook-Seite) vermieten Fahrräder. Ersterer Anbieter hat feste Haltestellen (hauptsächlich in der Innenstadt) und erfordert ein Abo (1 Tag, Monat oder Jahr; erste halbe Stunde frei). Von den beiden anderen können Sie per App überall ein Fahrrad nehmen und wieder abstellen (Preis nach Nutzungszeit).

478 CARSHARING

car2go.com
enjoy.eni.com
e-vai.com
site.sharengo.it
(Elektroautos)
it.drive-now.com
ubeeqo.com/it

Verschiedene Anbieter und Methoden für Carsharing, bei einigen können die Autos überall abgestellt werden (»free floating«). Alle Autos dürfen in den (verkehrsberuhigten) C-Bereich einfahren und die gelben (für Anwohner) und blauen (sonst kostenpflichtigen) Parkzonen frei nutzen. Mieter müssen den Führerschein mindestens ein Jahr besitzen.

479 ZUGVERBINDUNGEN

trenitalia.com
italotreno.it
trenord.it

Der wichtigste Bahnhof ist *Milano Centrale* (*milanocentrale.it*; schnelle Regional- und Nahverkehrszüge). Trenord fährt von *Cadorna* ab, mit lokalen und regionalen Zügen, etwa nach Como. Die Bahnhöfe sind durch das unterirdische S-Bahn-System *Passante ferroviario* verbunden, wo auch das ATM-Ticket gilt.

480 FLUGHÄFEN

milanomalpensa-airport.com
milanolinate-airport.com
milanbergamo airport.it

Malpensa (MXP), Linate (LIN) und Orio al Serio (Mailand-Bergamo; BGY) sind die drei Mailänder Flughäfen. Malpensa erreicht man mit dem Malpensa Express (*malpensaexpress.it*) vom Bahnhof Cadorna, mit Zug und Bus von Milano Centrale (Weiterfahrt per Bus nach Orio al Serio Bergamo). Linate mit öffentlichem Verkehr (Bus 73; normales Stadtticket).

5-mal PRAKTISCHE HILFE für Touristen

481 **DENKMÄLER UND MUSEEN**
musei.beniculturali.it/eventi/domenicalmuseo
abbonamentomusei.it

In Italien kann man jeweils am ersten Sonntag des Monats sämtliche Denkmäler, Museen, Galerien, Archäologische Stätten oder Parkanlagen in Staatsbesitz kostenlos besuchen (nicht jedoch private Museen oder Stiftungen). Speziell für Kunstliebhaber gibt es auch ein Abonnement für alle Museen der Lombardei (*Abonnamento Musei*), das ein ganzes Jahr Zugang zu über 120 Häusern bietet.

482 **TOURING CLUB ITALIANO**
Punto Touring
Milano
Corso Italia 26
Porta Romana ②
+39 02 8526 760
touringclub.it

Der seit über 120 Jahren im Tourismus tätige Verband – der auch als Herausgeber von Karten, Reiseführern und Zeitschriften fungiert – zählt auf der gesamten italienischen Halbinsel über 280 000 Mitglieder. Auch dank des Engagements von Freiwilligen sind viele seiner städtischen Dependancen regelmäßig geöffnet: in Mailand insgesamt 16.

483 **CORTILI APERTI A MILANO**
ADSI – Associazione Dimore Storiche
dimorestoricheitaliane.it

Ein einzigartiges Event, bei dem man die sonst nie geöffneten schönen Innenhöfe historischer Residenzen Mailands erkunden kann. An einem Sonntag Ende Mai finden die »Offenen Innenhöfe in Mailand« zusammen mit der Öffnung von 300 historischen Häusern, Schlössern, Villen, Bauernhäusern, Innenhöfen und Gärten ganz Italiens statt – ungewohnte Einblicke in Orte mit viel Charme.

484 **GIORNATE FAI**
+39 02 4676 151
fondoambiente.it

Seit 25 Jahren organisiert der FAI (*Fondo Ambiente Italiano*), eine Stiftung für Schutz und Förderung des italienischen Kunst- und Naturerbes, jeweils am dritten März- und Oktoberwochenende die »Tage des FAI«, an denen über 1000 Orte in ganz Italien für die Öffentlichkeit zugänglich gemacht werden. Man will damit den Besuchern Kunst, Kultur und Geschichte näherbringen. Geöffnet für alle, FAI-Mitglieder genießen Privilegien (exklusive Eingänge).

485 **MILANOCARD**
milanocard.it/de

Dieser Mailänder City-Pass (gültig für 24, 48 oder 72 Stunden) beinhaltet die Nutzung öffentlicher Verkehrsmittel, Audioguides und freien Eintritt (oder Ermäßigung) in 30 Museen, neben 200 weiteren Rabatten (etwa in Restaurants und Shops). Kinder unter zehn Jahren müssen gar nicht zahlen.

5

BUNTE ÜBERRASCHUNGEN

486 **VILLA INVERNIZZI**
Via Cappuccini 3
Porta Venezia ①

Versteckt in Mailands »Jugendstilstraßen, gegenüber der eklektizistischen *Casa Berri Meregalli* (Hausnr. 8; Architekt: Giulio Ulisse Arata), öffnet sich ganz unerwartet als eine kleine Oase die Villa Invernizzi. In ihrem Park, den man von der Straße aus sehen kann, lebt eine kleine Gruppe rosafarbener Flamingos völlig ungestört. Ein eigener Betreuer kümmert sich um die Vögel.

487 **ARTLINE**
IM STADTVIERTEL CITYLIFE
Verschiedene Standorte
Westen ⑧
artlinemilano.com

W.A.L.L. (*Walls Are Love's Limits*), ein 1000 m² großes Kunstwerk und riesige »Wand an der Wand«, fertigte der international bekannte italienische Graffiti-Künstler Eron. Es ist Teil des *ArtLine*-Projekts – Kunst im öffentlichen Raum zwischen den Wolkenkratzern des neuen Viertels CityLife, zu der noch weitere ortsspezifische Werke zählen, entworfen von Künstlern wie Riccardo Benassi, Judith Hopf, Matteo Rubbi oder Serena Vestrucci.

488 ORTICA

Osten ⑥
orticamemoria.com

Im einstigen Scherbenviertel, das in Songs des Liedermachers Enzo Jannacci oder Vittorio De Sicas Spielfilm *Das Wunder von Mailand* (1951) eine Rolle spielt, sollen als Teil des neuen Museumsviertels 20 Wandgemälde an Hausfassaden entstehen (zu Geschichte und Persönlichkeiten des 20. Jahrhunderts), von denen einige vollendet sind. Eine Art »Work in Progress« von OR.ME Ortica Memoria das die ersten 11 Wände vollendet hat.

489 MILANOARTE

milanoarte.net

Als Projekt der Kunstliebhaberin Elena Stafano (und MilanoArte im Auftrag der Stadt Mailand) werden hier Street-Art-Touren durch die Stadt veranstaltet, jeweils unter kundiger Führung eines bekannten Künstlers. Zwei der Stationen sind die *Via Morosini* (mit Wandgemälde von Millo) und die *Piazza della Repubblica* (mit einem Graffito des Amerikaners Zio Ziegler).

490 OFFICINA DEL COLORE

Via Giuseppe Giacosa 39
NoLo ⑤
+39 02 2804 0489
officinadelcolore milano.com

Wenn Sie die Welt »in Farbe sehen« (oder zumindest farbenfroher gestalten) möchten, ist dieser Laden von Maurizio Marelli das Ziel der Wahl. Hier findet man Pigmente aller Art für Maler oder Keramiker (manchmal sogar Küchenchefs), produziert in einer Werkstatt außerhalb der Stadt. Eigenschaften und Verwendung werden vom Betreiber ausführlich erklärt.

5
aktuelle Projekte der
STADTENTWICKLUNG

491 **WIEDERERÖFFNUNG DER NAVIGLI**

Kanäle, Brücken und Boote mitten in der Stadt? Neben den bestehenden *Navigli* plant man, auch die ab 1929 bis in die 1960er-Jahre zugeschütteten Kanäle wieder zu öffnen. Sie folgen dem Wasserlauf von der *Cassina de' Pomm* (Viale Gioia 194) zum Darsena-Hafenbecken. Für viele Mailänder ein Traum, der Wirklichkeit werden könnte.

491 NAVIGLI

492 GIBT ES BALD 5 CITYLIFE TOWERS?

city-life.it/it

Drei der geplanten Wolkenkratzer im neu entwickelten CityLife-Distrikt der ehemaligen Messe wurden fertiggestellt. Das Hochhaus von Daniel Libeskind wurde im Herbst 2020 fertiggestellt. Gerüchte werden immer lauter, es sei ein Wettbewerb für zwei weitere Türme geplant.

493 ARCHITEKTUR-CAMPUS DES POLITECNICO

polimi.it

Das neue Architekturcampus der Polytechnischen Hochschule Mailand (Entwurf: Renzo Piano) wird von ODB & Partners betreut. Um mehr Grünflächen zu ermöglichen, wird das »U-Boot«-Gebäude abgerissen und durch eine Grünanlage ersetzt, die neue Lehrgebäude säumen.

494 STILLGELEGTES BAHNGELÄNDE

oma.eu/projects/scalo-farini

Das Projekt soll stillgelegtes Bahngelände (Güterbahnhof Scalo Farini und San Cristoforo) mit wenigen Neubauten wiederbeleben, dem innerstädtischen Verkehr dienen und – ganz im Sinne der Nachhaltigkeit – großzügige Grünbereiche schaffen.

495 ERWEITERUNG DER ACCADEMIA DI BRERA

Auf einem der Farini-Güterbahnhöfe soll bei diesem Projekt des Politecnico für die Accademia di Brera ein »Campus für die Künste« entstehen, der verschiedene über die Stadt verstreute Bildungseinrichtungen zusammenfasst. In unmittelbarer Zukunft soll es der Brera somit einen zweiten festen Standort verschaffen.

5
LEGENDÄRE SPRÜCHE

496 **»TACHES AL TRAM«**

Wörtlich: »Schnappen Sie sich die Straßenbahn.« Sobald sich die Trambahntüren öffneten und sie langsamer wurde, konnte man einsteigen. Diese Phrase im Mailänder Dialekt deutet an, ein Problem interessiere einen nicht, der Gesprächspartner solle sich also um sich selbst kümmern, sprich: verschwinden.

497 **»ANDÀ A UFFA«**

Dieser Ausdruck für »Schmarotzen« hat folgenden historischen Ursprung: Im 14. Jahrhundert waren die Boote, die Materialien für den Dombau transportierten, von der Steuer befreit und trugen ein Schild »A. U. F.« (»*Ad usum fabricae*«: zur Verwendung in der Dombauhütte). Um Steuerzahlung zu vermeiden, benutzten auch Unberechtigte gerne diese Aufschrift.

498 »LUNGO COME LA FABBRICA DEL DUOMO«

»Langsam wie der Bau des Doms«, sagt man in Mailand, wenn eine Sache kein Ende zu nehmen scheint. Die Arbeiten am Bau des Doms seit Beginn im Jahr 1386 sind bis heute nicht beendet. Über die Jahrhunderte gingen sie unvermindert weiter, mit Restaurierungen oder Maßnahmen zur Verbesserung der Sicherheit.

499 »OFFELLÉE FÀ EL TO MESTÉE«

»Konditor, mach deine Arbeit«, bescheidet man jene, die etwas anmaßend anderen beibringen möchten, eine Arbeit auszuführen, für die sie selbst nicht kompetent sind, sprich: anderen unaufgefordert gute Ratschläge erteilen.

500 »CHI VOLTA EL CUU A MILAN LE VOLTA AL PAN«

Mailand war seit jeher ein Ort mit guten Beschäftigungsmöglichkeiten. Sie zu ignorieren oder »der Stadt den Rücken zu kehren« (»volta el cuu a Milan«) bedeutet, »sein Brot« nicht länger verdienen zu können. Dies ist nur einer von vielen Ausdrücken, der sich auf die hohe Wirtschaftskraft der lombardischen Hauptstadt bezieht.

REGISTER

IMPRESSUM

DEUTSCHE AUSGABE © 2022 BRUCKMANN VERLAG GMBH,
INFANTERIESTRASSE 11A, 80797 MÜNCHEN
AUTORIN – Silvia Frau
FOTOS – Massimo Ripani (www.massimoripani.it) und
Giovanni Simeone (www.simephoto.com)
COVERFOTO – Shutterstock – Arcansel
LAYOUT – Joke Gossé
DEUTSCHE ÜBERSETZUNG – Dagmar Lutz, München
SATZ UND LEKTORAT – M. Feuerstein, wigel, München
PROJEKTLEITUNG – Claudia Hohdorf, Maren Langendorff
KORREKTORAT – Christiane Gsänger
HERSTELLUNG – Stephanie Schlemmer

Printed in Slovenia by Florjancic

ISBN 978-3-7343-1843-6

In diesem Buch wird aus Gründen der besseren Lesbarkeit das generische Maskulinum verwendet. Weibliche und anderweitige Geschlechteridentitäten werden dabei ausdrücklich mitgemeint, soweit es für die Aussage erforderlich ist.

★★★★★

Sind Sie mit diesem Titel zufrieden? Dann würden wir uns über Ihre Weiterempfehlung freuen. Erzählen Sie es im Freundeskreis, berichten Sie Ihrem Buchhändler oder bewerten Sie bei Onlinekauf. Und wenn Sie Kritik, Korrekturen, Aktualisierungen haben, freuen wir uns über Ihre Nachricht an: Bruckmann Verlag, Postfach 40 02 09, D-80702 München, oder per E-Mail an: lektorat@verlagshaus.de.

Unser komplettes Buchprogramm finden Sie unter www.bruckmann.de

Die Deutsche Nationalbibliothek verzeichnet diese Publikation in der Deutschen Nationalbibliografie; detaillierte bibliografische Daten sind im Internet über http://dnb.d-nb.de abrufbar.